영화 편집의 교과서

영화 편집의 교과서

초판 인쇄	2025년 2월 21일
초판 발행	2025년 3월 5일

지은이	기누가사 류톤
옮긴이	오연정

책임편집	심재헌
편집	김승욱 이도이
디자인	최정윤
마케팅	김도윤 최민경
브랜딩	함유지 이송이 김하연 이준희 박민재 김희숙 조다현 박다솔 배진성
제작	강신은 김동욱 이순호

발행인	김승욱
펴낸곳	이콘출판(주)
출판등록	2003년 3월 12일 제406-2003-059호
주소	10881 경기도 파주시 회동길 455-3
전자우편	book@econbook.com
전화	031-8071-8677(편집부) 031-8071-8681(마케팅부)
팩스	031-8071-8672

ISBN	979-11-89318-66-6 13680

Original Japanese title:
EIGAHENSHU NO KYOKASHO PRO GA OSHIERU
POST PRODUCTION KOSEI · ENSHUTSU · KOUKA · OTO

Supervised by Ryuton Kinugasa © Reiko Kataoka 2023
Original Japanese edition published by MATES universal contents Co., Ltd.
Korean translation rights arranged with MATES universal contents Co., Ltd.
through The English Agency (Japan) Ltd. and Korea Copyright Center Inc.

이 책의 한국어판 저작권은 대니홍 에이전시를 통한 저작권사와의 독점 계약으로 (주)이콘출판에 있습니다.
저작권법에 의해 한국 내에서 보호를 받는 저작물이므로 무단전재와 복제를 금합니다.

일러두기
본문에 등장하는 몇몇 삽화 속 원어의 경우, 내용 참고 및 활용에 어려움이 없다면 원어를 그대로 표기했습니다.

영화 편집의 교과서

기누가사 류튼 지음 오연정 옮김

프로가 알려주는 48가지 편집 기술

이콘

당신의 영화는 편집실에서 만들어진다

영화 촬영은 할 수 있지만, 편집은 어떻게 해야 할지 모르겠다

편집을 하고 싶지만, 무엇부터 손을 대야 할지 모르겠다

문화제나 SNS 동영상 업로드를 위해 편집을 하고 싶다!

편집을 직업적인 일로써 의뢰받고 싶다!

간단한 편집은 할 수 있지만, 영화 편집이라면…

표현하고 싶은 구상이 있는데 편집 요령을 모르겠다

영화 편집은 어려울 것 같아 도저히 할 자신이 없다

심각하게 생각하지 말자. 편집과 마무리의 포스트 프로덕션 요령을 익혀 자유자재로 당신의 세계를 표현하자! 어렵다고 생각한 표현도 실은 간단하다! 이 책으로 도구 선택부터 완성까지, 요령만 익히면 마음에 그려온 영화를 만들어 모두에게 선보일 수 있다. 이해하기 쉬우면서도 깊이가 있어 10년은 써먹을 수 있다!

들어가는 말
||||||||||||||||||

지금까지 30년 넘게 영화를 만들고 싶어하는 사람들을 돕고 있습니다. 그러면서 갈수록 영화 제작에 편집이 얼마나 중요한지 실감했습니다. 실제로 간단한 편집만 해줘도 동일한 촬영 영상이 몰라보게 빛나기 시작합니다.

"편집에 따라 영화는 걸작이 된다"

영화를 즐기기만 하는 게 아니라 편집의 힘을 깨닫는다면 영화를 더 깊이 경험할 수 있습니다. 이 책을 집어든 당신은 제작자로서 그 문을 열기 시작했을지도 모릅니다. 또한 영화 편집 탐구에 도전하려는 마음이 생겼을지도 모릅니다.

편집은 영화 제작에서 가장 중요한 마법입니다. 관객의 무의식에 작용하며 마음을 움직이는 기술입니다. 이를 위해서는 장면의 길이나 순서, 컷의 타이밍, 음성과 음악 사용법 등의 기술적 요소뿐 아니라 구성이나 커뮤니케이션, 세계를 이해하는 방식 등도 고려해야 합니다. 영화 외에도, 예를 들면 회사 내 비디오나 결혼식, 홈무비 등 다양한 동영상은 기본적으로 이야기의 구조로 이루어져 있습니다. 이야기는 인간이 이 세계를 이해하는 방법인 셈이니까요.

이 책은 영화 편집에 대한 기본 지식과 이론부터 구체적인 기술과 기법에 이르기까지 폭넓게 소개하고 있어서, 편집의 역할과 중요성에 대해 깊이 이해할 수 있습니다. 또한 영화 편집에 필요한 소프트웨어와 도구에 대해서도 소개하므로 편집 작업에 필요한 기술을 익힐 수 있습니다.

이 책이 영화 편집에 관심 있는 분들 또는 영화 제작에 종사하는 분들에게 도움이 되었으면 합니다. 영화의 매력을 깊이 이해하고 더 나은 영화 제작을 목표로 하는 일에 도움이 된다면 기쁘겠습니다.

기누가사 류톤

그럼 이제, 편집으로 당신의 세계를 만들어보세요!

CONTENTS

CONTENTS

이 책의 사용법

이 책은 '포스트 프로덕션'으로 불리는 영화의 마무리 단계를 이야기의 기승전결에 맞춰 4개의 장으로 설명한다. 필요한 도구부터 편집기술, 그레이딩 및 타이틀, 소리의 마무리부터 납품까지 모든 것을 응축했다. 더불어 예고편 제작 요령, 편집에 참고할 만한 영화, 현역으로 활약 중인 크리에이터의 체험담을 소개한다.

영화 편집의 요령을 48개의 TAKE로 정리하고, 양면 구성으로 설명

각 TAKE의 포인트를 알기 쉽게 설명

인덱스로 해당 장을 표시

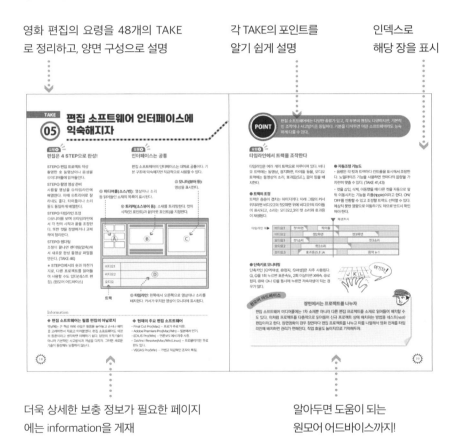

더욱 상세한 보충 정보가 필요한 페이지에는 information을 게재

알아두면 도움이 되는 원모어 어드바이스까지!

TAKE마다 하나의 주제를 다루었고, 편집의 비법을 일러스트와 그림으로 알기 쉽게 설명했다. 영화 편집에 필요한 총 48개의 요령을 숙지하자. 자신에게 필요한 TAKE나 서투른 TAKE, 어디서부터든 시작할 수 있다.

CHAPTER I

최강의 도구를 갖추자

영화 편집에 필요한 디지털 도구의 역할과 사용법, 편집 소프트웨어의 조작과 동영상 파일의 기본을 익히자. 또한 스마트폰이나 편집 소프트웨어를 사용해 손쉽게 편집에 도전하고 실천하면서 이 책을 읽어 나가자.

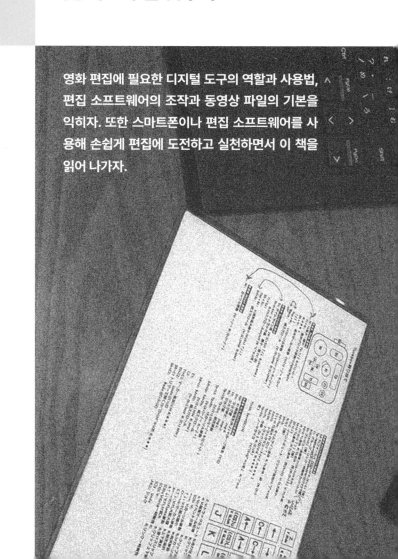

컴퓨터 시대에도 편집의 기본은 플립북*

워크스테이션에서 스마트폰까지

영화 편집은 컴퓨터를 사용한다. 개인용 PC, 워크스테이션으로 불리는 업무용 PC, 또는 이것들이 구비된 편집실을 이용하기도 한다.

* 플립북(flip book) : 움직임을 연속으로 그린 종이묶음을 차르륵 넘기며 한장씩 훑는 애니메이션의 한 방식.

●영화 편집은 스마트폰으로도 가능하다

편집기술을 일단 시도해보려면 가지고 있는 태블릿이나 스마트폰에 들어있는 동영상 편집앱으로도 충분하다. 편집은 체감해보는 것이 중요하다. 되도록 자기 나름의 편집을 많이 해보기 바란다.

Information

◆ 필름도 디지털도 기본은 플립북

영화 필름은 사진(정지화면)을 차르륵 연속으로 보여줘 움직이는 듯이 보인다. 현대의 디지털 동영상도 같은 원리에 기반한다. 따라서 편집 소프트웨어의 조작 방법도 필름 시대의 편집장비 사용법을 기반으로 설계되어 있다. 아날로그 장비의 기능을 컴퓨터로 재현한 셈이다.

◆ 편집기법도 온고지신

영화 제작에 사용하는 편집기법은 오래전부터 장인이나 예술가가 고안해왔다. 기계를 써서 인공적으로 만드는 것이 아니라, 앞선 선배들이 만들어낸 감동을 불러일으키는 기술과 창의로 가득 차 있다. 어느 시대든 영화 편집은 옛 기법에 새로운 아이디어를 융합하는 예술적 과정이다.

POINT 현대에는 영화 편집 작업의 대부분을 컴퓨터의 디지털 데이터 조작으로 시행한다. 하지만 그 기초가 되는 기술에는 영화 탄생 이후 100년간 쌓아온 기법이 담겨 있다.

연속된 정지화면을 자르고 잇는 것이 편집

동영상은 처음부터 끝까지 끊김 없이 이어지는 일련의 정지화면 집합체다. 이 같은 정지화면의 배열에서 중간을 끊거나 재배열하거나 또는 여러 동영상을 합성하기도 한다. 이에 대한 고심이 편집이다.

● 두 개의 동영상을 편집해보자

STEP① 인포트

▶ A와 B 각각의 동영상을 편집 소프트웨어에 집어넣는다.

STEP② 편집 지점을 지정

▶ 동영상의 어디에서 어디를 빼내 어떻게 다시 배열할지를 지정한다. 편집 작업의 대부분은 여기서 시간이 걸린다.

STEP③ 렌더링

▶ 당신이 지시한 대로 동영상을 다시 계산해, 또 다른 한 편의 동영상 데이터를 만든다. A와 B 각각의 동영상을 분해하고 조합하는 작업을 반복하기 때문에 컴퓨터 능력이 필요한 작업이다.

STEP④ 완성

▶ 마침내 한 편의 동영상 데이터가 만들어졌다. 이 데이터를 재생해서 본다.

원모어 어드바이스

준비와 도구 모으기에 빠지지 말자

영화 편집의 요령을 한마디로 표현하면 '일단은 손을 움직여라'이다. 구상이나 기자재 모으기에 열중하는 것으로는 늘지 않는다. 편집은 몸으로 기억하는 부분이 많아 반복해서 연습해야 기술이 향상된다. 이 책을 읽으면서 수중에 있는 기자재로 주변 소재를 사용해 시도해보기 바란다. 편집은 스토리텔링, 컷 나누기, 소리 다루기 등 다양한 기본 기술로 이루어져 있다. 차차 자세히 설명하겠지만 중요한 것은 손을 움직이며 실제로 해보는 일이다.

컴퓨터를 알고서 자신에게 맞는 환경을 갖추자

요령 A

컴퓨터를 용도에 맞게 선택

편집에 사용하는 컴퓨터(PC)는 고화질의 4K 동영상 (DVD 해상도의 약 16배) 처리를 고려해 선택하자.

• 데스크톱형
디스플레이와 본체가 분리된 타입. 어느 정도는 시대에 맞게 부품을 교체해 고성능으로 바꿀 수 있다.

장점: 확장성이 높다. 디스플레이 등을 교환하기 쉽고 수리도 용이.

단점: 크기가 커서 가지고 다닐 수 없다.

• 노트북형
회의 등에 가지고 다니며 사용할 수 있어서 편리하다. 같은 가격의 데스크톱과 비교하면 처리속도가 느린 경우가 많다.

장점: 가지고 다닐 수 있다.

단점: 확장성이 부족하고 성능이 시대에 뒤떨어지기 쉽다.

• 태블릿, 스마트폰
생각났을 때 가볍게 바로 사용할 수 있지만 전문적인 편집에는 적합하지 않다. 보조적인 장비로 자리매김.

장점: 항상 가지고 다닐 수 있다.

단점: 전문적인 편집 앱이 많지 않다. 속도가 느리고, 고화질이나 긴 편집은 어렵다.

요령 B

OS(운영체계)의 차이를 알아두자

• 윈도우(Windows): 마이크로소프트사
비즈니스용으로 사용. 영상 편집에도 다양한 편집 소프트웨어와 주변기기를 사용할 수 있다. 하지만 종류가 너무 많아 궁합이 맞지 않으면 조합했을 때 작동하지 않는 문제가 생길 수도 있다.

• 맥오에스(macOS)와 아이오에스(iOS): 애플사
맥Mac과 아이폰에서 사용. OS와 하드웨어가 일체형이어서 대부분 궁합이 잘 맞는다. 유명한 편집 소프트웨어가 있긴 하지만 소프트웨어나 주변기기의 종류가 많지 않다. 또한 가격이 비싼 편이다.

• 리눅스Linux: 비영리조직에서 개발
누구나 자유롭게 사용할 수 있다. 리눅스 등의 UNIX 계열 OS는 여명기부터 할리우드 등의 대규모 편집 시스템에서 사용해왔다. 견고하고 모든 것을 커스터마이즈할 수 있지만 전문지식이 필요하다.

Information

◆ 컴퓨터는 고장을 전제로
기계는 반드시 고장난다. 일정 기간 중 정상 작동하는 시간의 비율을 가동률이라 한다. 가동율 100%는 있을 수 없다. 비가동 시간이 있음을 염두에 둔다. 만약 내일이 마감인데 고장이 난다면… 중요한 편집이라면 데이터 백업뿐 아니라 하드웨어 백업도 고려하는 것이 중요하다.

◆ 두 가지 편집 시스템을 준비하면 안심
대체 장비를 준비하려면 데스크톱과 노트북으로 두 대를 준비한다. 새로운 PC를 마련했을 땐 오래된 PC를 가동할 수 있는 상태로 보존해둔다. 그러면 한 대가 고장나더라도 바로 다른 PC로 교체해 편집 작업을 계속할 수 있다. 여유가 된다면 반드시 실천하기 바란다.

POINT 자신에게 맞는 컴퓨터를 찾는다. 어떤 장소에서 편집하는 경우가 많은지, 가까운 상담 상대가 있는지 등으로 선택한다. 구조를 알고서 필요한 기능을 갖춘 도구를 찾아보자.

성능과 관계된 부품은 이것이다

PC는 자신이 부품을 선택할 수 있다. 구입 시 판단할 수 있도록 의미를 알아두자.

• **CPU(i5, i7, Raizen 등):** 계산(연산)을 수행하는 중심 부분. 코어수와 동작주파수가 클수록 빠르다.

• **메모리:** 연산 데이터를 일시적으로 저장하는 장소. 메모리가 작으면 사이즈가 큰 동영상 취급이나 복잡한 편집이 어렵다.

• **GPU(그래픽보드):** 영상 연산을 전문으로 수행하는 부분. CPU의 부담을 줄인다. 탑재되어 있으면 렌더링이나 동영상 재생이 매끄러워진다. 성능에 따라 비싸진다.

• **내장 드라이브(SSD, HDD 등):** 데이터 저장 장소. 클수록 많은 동영상을 저장할 수 있다. 일반적으로 SSD가 HDD 보다 전송이 빠르고 스트레스가 없다.

• **외장 드라이브(SSD, HDD 등):** PC 외부에 USB 등으로 접속해서 데이터를 저장한다. 개수를 늘리거나 다른 PC로 바꿔 연결할 수 있다. 속도는 내장형보다 느린 경우가 많다. 장기 보존이나 운반에 편리하다.

백업 환경을 갖추자(TAKE 28)

영화 편집에서는 백업이 매우 중요하다. 편집 작업 중이나 완성 후에 뭔가 문제가 발생하더라도 백업이 있으면 데이터를 복원할 수 있어 예산이나 모두의 노력이 허사가 되지 않는다.

● 간단한 백업
백업하는 방법은 간단하다. 작업 파일을 정기적으로 별도의 장소에 복사하기만 하면 된다. 이를 자동화한 소프트웨어나 백업 기능이 달린 편집 소프트웨어도 있다.

● 별도의 장소에 준비하자
편집 중인 데이터와 같은 장소(드라이브)에만 백업한다면 이 드라이브가 망가졌을 때 대응이 안 된다. 외장 드라이브나 낙뢰 등의 재해를 고려한 별도의 장소에도 백업을 해 두면 좋다. 완성된 작품 등이 어느 정도 소용량 데이터라면 인터넷의 클라우드 서버를 이용할 수도 있다.

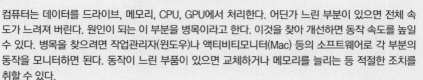

컴퓨터가 느릴 때는 병목을 찾자

컴퓨터는 데이터를 드라이브, 메모리, CPU, GPU에서 처리한다. 어딘가 느린 부분이 있으면 전체 속도가 느려져 버린다. 원인이 되는 이 부분을 병목이라고 한다. 이것을 찾아 개선하면 동작 속도를 높일 수 있다. 병목을 찾으려면 작업관리자(윈도우)나 액티비티모니터(Mac) 등의 소프트웨어로 각 부분의 동작을 모니터하면 된다. 동작이 느린 부품이 있으면 교체하거나 메모리를 늘리는 등 적절한 조치를 취할 수 있다.

편집과 재생은 환경이 다르다
상영을 고려해 장비를 선택하자

요령Ⓐ

상영 환경의 차이를 알아두자

편집을 위한 장비를 선택할 땐 관객이 보는 것과 비슷한 형태로 편집할 수 있는 장비를 선택하는 것이 중요하다. 영상은 재생 환경에 따라 색이나 소리가 다르게 느껴진다. 편집에선 보였어도 실제 상영에선 보이지 않아, 스토리 파악이 안 되는 일은 피했으면 한다. 재생 환경의 특징을 파악해두자.

• 관객 : 영화관에서 시청

대화면. 다만 화면 크기를 바꾸기 위해 커튼 등으로 일부를 가리는(이것을 '마스킹'이라 한다) 경우가 있다. 영화관에서 색조는 풍부하고 음향은 크게 잘 들린다. 관객은 어둡고 조용한 가운데 집중해서 본다. 영화관마다 다른 부분도 있다.

• 관객 : TV나 태블릿, 스마트폰으로 시청

다양한 크기의 화면. 액정에 따라 근소하게 영상 주변부가 잘리는 기기도 있다. 줌모드 등 화면을 가득 채우는 기능을 사용하면 상하좌우가 잘릴 수 있다. 소리도 스마트폰이나 값싼 PC 스피커 등 재현성이 나쁜 기기도 있다. 또한 생활하는 공간에서 시청하므로 음량을 크게 하기가 어렵다.

• 제작자 : 편집실에서 시청

조금 큰 화면. 방 자체의 밝기도, 영상의 인상이 바뀌지 않도록 일정한 밝기로 조정되어 있다. 벽면 색상도 좀 어두운 경우가 많다. 규격에 맞춰 색상과 밝기가 조정되는 디스플레이나 프로젝터가 갖춰져 있다. 컴퓨터의 편집 소프트웨어로 동영상의 화면 전체를 볼 수 있는 환경이다. 중요한 정보나 문자가 잘리는 것을 고려해 가장자리에서 안쪽으로 10% 또는 몇 % 부근에 가이드선이 표시되는 것도 있다(TAKE 38). 소리에 대해서도 모니터용 스피커나 헤드폰이 준비되어 있어서 잡음이나 음질을 쉽게 알 수 있다.

관객이 시청할 때의 보는 방식, 듣는 방식은 당신이 편집할 때와는 다르다. 관객이 시청할 때와 비슷한 환경을 재현할 수 있는 기기를 선택해 마무리가 잘 되어 있는지 확인하자.

요령 8

집에서 확인할 때의 유의점

복잡한 편집 작업일수록 디스플레이의 면적이 넓어야 한다. 따라서 해상도가 높으면서 큰 것이 바람직하다. 여러 디스플레이를 연결해 멀티 디스플레이 환경으로 만들면 작업이 쉬워진다. 노트북이라도 4K 모니터를 연결하면 외부에서 복잡한 편집을 할 수 있다. 확인용으로, 촬영용 모니터나 대화면 TV, 프로젝터 등을 연결해두면 영상 확인이 쉬워진다.

● 디스플레이 조정

• 디스플레이는 다소 비싸더라도 색상 관리가 가능한 컬러 매니지먼트 기능이 있는 것이 바람직하다.

• 편집하기 전에 캘리브레이션(조정)을 해서 정확한 색상과 밝기로 만들어둔다. 육안으로 확인하면서 수동 조절이 가능한 사이트도 있다. 색상과 밝기를 측정하고 조정할 수 있는 프로브(probe)란 기기도 적당한 가격으로 구할 수 있다.

• 편집하는 방은 밝기가 일정하고 요란한 색상이 없어야 한다. 인간의 눈은 주변의 영향을 쉽게 받기 때문이다.

● 음성 모니터는 정확성이 중요

• **스피커** : 음악감상용이 아닌 모니터용을 준비한다. 잡음이나 음질을 정확히 재현하는 것이 목적이다. 귀 높이로 정면을 향하게 두면 더욱 정확해진다.

• **헤드폰** : 큰 소리를 내지 못하거나 시끄러운 환경에서는 헤드폰을 사용한다. 음악감상용이 많지만 밀폐형의 모니터용을 사용한다. SONY의 MDR-CD900ST이 일반적이다. 밀폐형 헤드폰은 장시간 사용하면 쉽게 피곤해지므로, 평상시 편집에서는 피곤이 덜한 일반 헤드폰을 사용하고 음조정시에만 모니터용 헤드폰을 쓰는 것도 방법이다.

• **PC 내장 스피커잭** : 잡음이 섞여들기 쉽다. 디지털 아날로그 컨버터 또는 DAC라 불리는 오디오 인터페이스를 사용하면 좋다.

• **편집 중** : 음량을 일정하게 하지 않으면 전체적으로 불균형해진다. 조정해 놓은 수치나 소프트웨어의 설정값을 메모하거나 표시해두자.

• **모니터 음량** : 일시적으로 낮추고 싶을 땐 DIM 출력 스위치가 있으면 사용하자. 볼륨으로 낮추면 되돌리는 데 애를 먹는다.

원모어 어드바이스
상영 환경에서 최종적으로 확인한다

편집실에서 아무리 확인하더라도 예상치 못한 일이 일어난다. 그러니 상영 환경에서 최종 확인을 했으면 한다. 인터넷 동영상이라면 인터넷으로, 영화관 상영이라면 몇 번은 상영관에서 시사회를 실시하거나 상영 시에 점검 시사회에 참석하도록 한다. 무대 인사를 돌 때 모든 영화관에서 스크린의 밝기와 색상을 빠짐없이 체크한 감독도 있다.

입력장치 사용으로 편집 작업을 효율화

게이밍 마우스로 효율 향상!

영상 편집에는 휠 마우스가 편리하다. 키보드를 함께 쓰며 단축키를 사용하는 경우도 많다. 게이밍 마우스는 버튼에 키를 할당할 수 있어 조작이 편리하다. 특히 버튼에 Ctrl, Alt, Shift 등의 조합키를 할당할 수 있는 마우스가 편리하다.

키보드는 익숙한 것부터

키보드는 자신에게 익숙한 키보드로 시작하자. 단축키가 각인되어 있거나 컨트롤러가 탑재된 편집 소프트웨어 전용 키보드도 비싸지만 구매해 볼만 하다. 책상 위에는 마우스를 비롯한 다른 기기나 기록 용지, 시나리오도 함께 펼쳐놓게 되므로 공간절약형 키보드도 검토해보자.

Information

◆ 자신에게 맞춰서 단축키를 등록

단축키를 등록하거나 기기에 할당하면 스트레스가 줄고 작업이 빨라진다. 하지만 내 손에 익숙하지 않으면 의미가 없다. 기기나 자신의 편집 버릇에 따라서도 차이가 있으므로, 실제 소프트웨어를 사용하면서 자신이 주로 이용하는 기능을 찾아 등록하자.

◆ 자주 사용하는 단축키의 예

내 경우에는 ① 타임라인 가로세로의 확대와 축소 ② 스크롤, 커서의 이동(마우스휠과 상하좌우키와 조합키: Ctrl, Alt, Shift 와의 조합이 많다) ③ 트랙의 솔로, 뮤트(음소거) ④ 편집 클립의 ON/OFF ⑤ 화면과 소리의 동기 ON/OFF ⑥ 소리의 노멀라이즈 ⑦ 리플 편집 관련 ⑧ 재생 조그 컨트롤의 ⓙⓚⓛ 키 등을 자주 사용한다.

POINT 편집 시에는 편집 소프트웨어에 많은 지시를 내려야만 한다. 번잡한 지시 사항을 입력하려면 시간도 걸린다. 따라서 입력장치를 고민해 가능한 간단하게 조작하자!

요령ⓒ
있으면 편리한 왼손 장치

왼손으로 편집 소프트웨어를 컨트롤할 수 있는 장치도 있다. 단축키나 마우스 기능을 할당해 사용한다. 편집 소프트웨어 타임라인(TAKE 05)에서 가로세로 방향의 스크롤, 커서 이동, 확대축소 조정이 손끝만으로 가능하면 상당히 편해진다. 키를 할당할 때 고려해보자. 일반 프로그래머블 숫자키, 게임용 왼손 키보드 등도 사용할 수 있다.

요령ⓓ
단축키는 메모해두자

편집을 하다보면, 자주 하는 조작은 마우스 조작보다 단축키가 단연 빠르다. 자주 사용하는 단축키를 작은 카드에 메모해두면 좋다.

가끔씩 정리해서 A4에 인쇄하고, 반으로 접은 후 A5 카드 케이스에 넣어 키보드 옆에 놓는다. 그러면 바로 볼 수가 있다. 왼손 장치의 조작키도 카드에 메모해 두면 편리하다.

원모어 어드바이스
설정 작업에 열중하지 말라!

편집 작업에 집중할 수 있도록 환경을 갖추는 일도 좋지만 도구 모으기와 마찬가지로 설정 작업에 열중하는 경우가 있다. 이것이 심해져 실제의 편집 작업보다 환경 설정 작업에 시간이 더 걸린다면 주객이 전도된 것이다. 편집 작업을 진행하다가 '이 동작, 좋은데' 라고 느껴지는 것이 있으면, 이때 환경 설정을 해도 충분하다. 기기 설정도 편집 작업 사이사이에 조금씩 한다는 정도의 느낌이면 된다.

편집 소프트웨어 인터페이스에 익숙해지자

편집은 4 STEP으로 완성!

STEP① 편집 프로젝트 작성
촬영한 숏 동영상이나 음성을 ⓐ미디어풀에 읽어들인다.

STEP② 촬영 영상 준비
사용할 영상을 ⓓ타임라인에 배열한다. 이때 ⓑ트리머로 잘라내도 좋다. 타이틀이나 소리 등도 동일하게 배열한다.

STEP③ 타임라인 조정
ⓒ모니터를 보며 ⓓ타임라인에서 각 컷의 시작과 끝을 조정한다. 또한 컷을 정렬하거나 교체하며 정리한다.

STEP④ 렌더링
조정이 끝나면 렌더링(압축)해서 새로운 완성 동영상 파일을 만든다. (TAKE 46)

※ **STEP①**에서의 숏과 마찬가지로, 다른 프로젝트를 읽어들여 사용할 수도 있다(네스트 편집). (원모어 어드바이스)

인터페이스는 공통

편집 소프트웨어의 인터페이스는 대체로 공통이다. 기본 구조에 익숙해지면 직감적으로 사용할 수 있다.

ⓒ **모니터(뷰어 등):** 영상을 표시한다.

ⓐ **미디어풀(소스/빈):** 영상이나 소리 등 읽어들인 소재의 목록이 표시된다.

ⓑ **트리머(소스뷰어 등):** 소재를 트리밍한다. 컷의 시작(인 포인트)과 끝(아웃 포인트)을 지정한다.

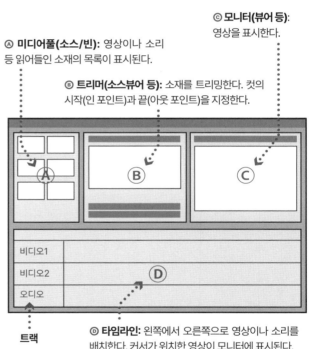

비디오1	
비디오2	ⓓ
오디오	

트랙

ⓓ **타임라인:** 왼쪽에서 오른쪽으로 영상이나 소리를 배치한다. 커서가 위치한 영상이 모니터에 표시된다.

Information

◆ **편집 소프트웨어는 필름 편집의 아날로지**

옛날에는 큰 책상 위에 수많은 필름을 늘어놓고 순서나 배치를 고려하면서 자르고 이어붙였다. 편집 소프트웨어도 이것의 응용이라고 생각하면 이해하기 쉽다. 당장의 조작기술이 아니라 기본적인 사고방식과 개념을 다지자. 그러면 새로운 기술이 등장해도 당황하지 않는다.

◆ **현재의 주요 편집 소프트웨어**

• Final Cut Pro(Mac) … 프로가 주로 이용.
• Adobe Premiere Pro(Mac/Win) … 일본에서 인기.
• EDIUS Pro(Win) … 언론보도에서 자주 사용.
• DaVinci Resolve(Mac/Win/Linux) … 프로용이지만 무료판도 있다.
• VEGAS Pro(Win) … 가볍고 직감적인 조작이 특징.

편집 소프트웨어에는 다양한 종류가 있고, 각 부분의 명칭도 다양하지만, 기본적인 조작이나 사고방식은 동일하다. 기본을 다져두면 어떤 소프트웨어라도 능숙하게 다룰 수 있다.

타임라인에서 트랙을 조작한다

타임라인은 여러 개의 트랙으로 이루어져 있다. 비디오 트랙에는 동영상, 정지화면, 타이틀 등을, 오디오 트랙에는 동영상의 소리, 효과음(S.E.), 음악 등을 배치한다.

●트랙의 조정
트랙은 층층이 겹치는 이미지이다. 아래 그림의 커서 위치라면 비디오2의 컷2화면 위에 비디오1의 타이틀이 표시되고, 소리는 오디오2,3의 컷 소리와 효과음이 재생된다.

●자동조정 기능도
· 음량은 각 컷과 트랙마다 컨트롤을 표시해서 조정한다. 노멀라이즈 기능을 사용하면 컷마다의 음량을 가지런히 맞출 수 있다. (TAKE 41,43)

· 컷을 삽입, 삭제, 이동했을 때 다른 컷을 자동으로 앞뒤 이동시키는 기능을 리플(ripple)이라고 한다. ON/OFF를 전환할 수 있고 조정할 트랙도 선택할 수 있다. 예상치 못한 영향으로 이동하기도 하므로 반드시 확인해야 한다.

▼ 재생커서

타임라인 예▶					
비디오1	컷1화면		타이틀		
비디오2		컷2화면		컷3화면	
오디오1	컷1소리			컷3소리	
오디오2		컷2소리			
오디오3		효과음(S.E.)A		음악 a-1	

●단축키로 모니터링
단축키인 [Ⓙ역재생, Ⓚ정지, Ⓛ재생]은 자주 사용된다. Ⓙ, Ⓛ을 1회 누르면 표준속도, 2회 이상이면 X배속. Ⓚ로 정지. Ⓚ와 Ⓙ나 Ⓛ을 동시에 누르면 저속재생이 되는 경우가 많다.

여기다!

J K L

원모어 어드바이스
장편에서는 프로젝트를 나누자

편집 소프트웨어 미디어풀에는 1차 소재뿐 아니라 다른 편집 프로젝트를 소재로 읽어들여 배치할 수도 있다. 이처럼 프로젝트를 다층적으로 읽어들여 신규 프로젝트 상에 배치하는 방법을 네스트(nest) 편집이라고 한다. 장편영화의 경우 장면마다 편집 프로젝트를 나누고 이를 나열해서 영화 전체를 타임라인에 배치하면 관리가 편해진다. 작업 효율도 높아지므로 기억해두자.

설정할 때 헤매지 않는 동영상 파일의 구조

요령 A
동영상 크기와 프레임 수

● 미세해지는 해상도
해상도는 화면 내에 배치하는 화소(픽셀) 수의 가로×세로로 표현된다.
- **SD**: 스탠더드. DVD 등. 16mm 필름 정도의 해상도. 720×480(480p) 등.
- **HD**: 하이데피니션. 하이비전이라고도 한다 (고화질TV). 지상파 디지털 방송 등. 1280× 720(720p).
- **FHD**: Full HD. 블루레이 등. 35mm 필름 정도의 해상도. 1920×1080(1080p) 등.
- **4K**: 가로 4000픽셀 정도. 70mm 필름 정도의 해상도. 3840×2160(2160p).
- **8K**: 가로 8000픽셀 정도(4K의 4배). 7680 ×4320(4320p) 등.

● 화면의 가로세로 비율은 다양하다
화면 크기, 화면 비율은 다양하다. 시네마스코프* 사이즈란 대략 2:1 이상 가로가 넓은 것을 말하며, 2.35:1이 대표적이다. 예를 들어 DVD 해상도가 720×480 픽셀로 같더라도, 표시되는 가로세로 비율을 바꾸면 4:3 스탠더드나 16:9 와이드 모두 가능하다.

* 시네마스코프(cinema-scope): 와이드스크린 방식의 대형 영화.

● 1초간 프레임의 수
1초간 몇 장의 정지화면을 연속시키는가를 '프레임 레이트(프레임 수)'라고 한다. 단위는 fps(frames per second). 영화 여명기에, 초당 12~14프레임 이상이면 움직이는 것으로 보인다는 기준이 있었다.
- **16fps**: 무성영화 시대 표준.
- **24fps**: 현대 영화 표준.
- **25fps**: PAL 방식 TV 방송(유럽 등).
- **30fps**: NTSC 방식 TV 방송(북미, 일본 등).
TV 방송은 동기용 신호에 0.03 프레임 정도를 사용하기 때문에, 24fps라면 23.976, 30fps라면 29.97이 된다.

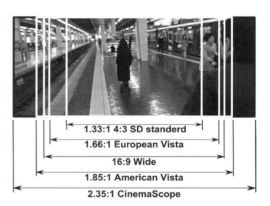

1.33:1 4:3 SD standerd
1.66:1 European Vista
16:9 Wide
1.85:1 American Vista
2.35:1 CinemaScope

Information

◆ 프로그레시브와 인터레이스
해상도를 표시하는 i 또는 p는 인터레이스 또는 프로그레시브의 약자이다. 예전 브라운관TV는 1프레임을 성긴 해상도의 2프레임으로 방송했다. 이를 인터레이스(interlace)라고 하며, 원래의 프레임 레이트로 정지화면을 다루는 것을 프로그레시브(progressive)라고 한다. 예를 들어 60i는 원래의 30프레임을 인터레이스 60프레임으로, 60p는 60장의 정지화면을 그대로 다룬 프로그레시브이다.

◆ 압축률 등의 표기법
압축률을 비트 레이트(bitrate)라고 한다. 1초간 영상에서 사용하는 데이터양을 bps(bits per second)로 표기하는데 K(킬로)나 M(메가) 단위도 많다. 소리에도 다양한 압축방식이 있다. 샘플링 레이트(화면에서의 해상도에 해당)/bit 심도/비트 레이트 순으로, 48kHz / 24bit / 128Kbps와 같이 표기한다. CD는 44.1kHz / 16bit / 1411Kbps이다.

POINT 동영상 파일의 구조를 알면 기술 진보에 상관없이 범용적인 조작 요령을 익힐 수 있다. 편집에서 설정이 어렵다면 이를 되새겨보자.

 요령 B

동영상 압축과 저장 형식

동영상이나 음성은 코덱으로 압축된 후, 컨테이너에 담겨져 파일이 된다.

● 코덱(압축 방식)

압축할 때마다 화질이 떨어지는 비가역 압축인 H.264(후속 규격은 H.265)가 널리 쓰인다. 압축해도 화질이 떨어지지 않고 복원할 수 있는 가역 압축(무손실 압축)은 UtVideo, HuffYUV, Lagarith 등이 있다. 음성도 별도로 압축된다.

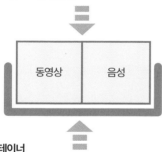

● 컨테이너

여러 파일 형식이 있으며 고유의 확장자가 붙는다. 윈도우 표준인 AVI(.avi)와 WMV(.wmv), 애플사 표준인 QT (.mov), 일반적으로 널리 사용하는 MPeg-2(.mpg), MPEG-4(.mp4) 등이 있다.

 요령 C

색공간과 표시 방법

기기로 표현할 수 있는 색상 범위를 색공간이라고 한다. 영화관, 인쇄물, TV 방송 등이 다르다. 색상 표시 방법을 알아보자.

• RGB (또는 YUV, YCrCb)

색상 표현은 R(빨강) G(녹색) B(파랑) 외에 압축이 용이한 YUV도 사용한다. 휘도*인 Y, 휘도와 청색 성분의 차이인 U(cb), 휘도와 적색 성분의 차이인 V(Cr)로 나타낸다. 원래의 YUV 비율인 4:4:4에서 4:2:2로 압축해도 품질의 저하가 느껴지진 않는다.

• bit 심도 (비트 심도, 색 심도)

1픽셀당 할당하는 데이터양을 비트 심도라고 한다. 단위는 bpp(bits per pixel). 24bpp라면 RGB에 8bit씩 할당해서 2진수 8자리의 3승이므로 약 1,677만 색이 된다. 이외에 10bit(약 10억 7,374만 색) 등이 있다.

• LOG

어두운 부분을 많이, 밝은 부분을 적게 해서 색 정보를 수록하는 방법. LUT**에 의한 조정이어서 자연스러운 대비를 주거나 특징적인 색을 낼 수도 있다.

• RAW

촬영한 미가공 데이터 그대로 수록한다. 색 정보를 버리지 않으므로 나중에 자유롭게 조정할 수 있지만 데이터양이 거대해진다.

원모어 어드바이스

더욱 미세해지는 동영상의 해상도

동영상은 진보가 빠르다. 지금은 FHD, 4K 등으로 촬영한 영상을 입력하여 1080p/16:9/23.97fps(또는 24fps, 30fps)의 프로젝트에서 편집하고, 렌더링 때 H.264나 H.265로 압축한 mp4 또는 mov 파일로 출력하는 경우가 많다. 몇 년 지나면 4K에서의 출력이나 60fps, 72fps에서의 HFR(하이프레임 레이트) 출력이 요구될 수도 있다. 현재의 편집 소프트웨어에는 렌더링을 할 때 본래의 큰 영상을 다루는 프락시 기능이 탑재된 것도 많다.

---

* 휘도(輝度): 광원의 단위 면적당 밝기의 정도.
** Look Up Table: 입력값을 출력값으로 변환하는 데 사용되는 정보의 데이터베이스. 복잡한 변환에 대한 일종의 프리셋이다.

필름 시절부터 영화를 제작할 때 편집이 가장 즐거웠다

니시다 노부요시(영화 프로듀서)

고등학교 2학년 때 문화제에서 영화를 만들기로 했는데, 내가 8mm 카메라를 가지고 있어서 촬영을 담당하게 되었다. 감독은 영화를 좋아하는 친구. 촬영 후 우리 집 식당에서 마무리를 하면서 여러 작업을 하고 있었는데, 감독으로부터 "니시다가 제작 총지휘인 걸" 이런 말을 들었다. 그 역할 중 하나였을까, 편집도 담당하게 되었다. 15분짜리 영화였지만 전반과 후반을 나누어 감독이 전반, 내가 후반 편집을 담당했다. 그런데 이 작업이 얼마나 재미있었는지! 이때까지 영화 제작에 관해서라면, 짧은 시나리오를 몇 편 쓰거나 카메라를 돌린 일은 있었어도 편집을 해본 적은 처음이었고, 이때부터 영화 제작 과정 중 편집이 가장 즐거운 일이 되었다. 이 시절엔 편집기도 없어서 영사기에 필름을 걸어 놓고, 도중에 멈추고는 필름을 직접 보면서 스플라이서(접합기)를 사용해 잘라 붙였다. 이때 예고편도 몇 편인가 편집해 만들었는데 이 일도 너무 재미있었다.

이로부터 40년이 지난 지금, 나는 영화 프로듀서가 되었다. 지금은 내가 직접 편집하지는 않고 편집 스태프에게 내 의견을 전하거나, 그것을 감독으로부터 전달받거나 하고 있다. 디지털 시대에 기계 조작이 쉬워지면서 감독이 직접 편집하는 일도 많아졌다. 필름 시대에는 구로사와 아키라 감독처럼 감독이 편집하는 경우가 있었지만, 극영화의 경우 감독이 직접 편집하는 것은 바람직하지 않다는 의견이 있다. 객관적인 관점을 유지하기가 어렵기 때문이다.

영화 제작에서 모든 과정이 중요하지만 특히 편집이 중요한 이유는 편집으로 영화가 죽기도 하고 살아나기도 하기 때문이다. 때때로 감독과 편집 스태프의 의견이 맞지 않아 언쟁을 벌이기도 한다. 오해하지 않았으면 하는데, 제작자는 자신의 취향이나 주장을 말하는 것이 아니라 질적 향상과 관객에게 쉽게 전달할 방법을 고민할 뿐이다. 경험상, 편집에 대해 감독이나 편집 스태프와 의견이 일치할 때 작품으로써 높은 평가로 이어지는 경우가 많다. 영화 제작에서는 제작자와의 의견 일치가 가장 중요한 일 중 하나이며, 그 분수령 중 하나가 편집인 것이다.

<란덴> 2019년, 감독/스즈키 타쿠지, 출연/이우라 아라타, 오오니시 아야카, 아베 사토코, 가나이 히로토, 구보세 타마키 외 ©Migrant Birds/Omuro/Kyoto University of Art and Design

Information

◆ 니시다 노부요시(영화 프로듀서)

1963년 교토시 출생, 92년 유한법인 오무로 설립. 제작영화: 가자마 시오리 감독 <겨울 강>(로테르담 국제영화제 그랑프리), 야자키 히토시 감독 <무반주>(사할린 국제영화제 심사위원 특별상), 스즈키 타쿠지 감독 <란덴>(다카사키영화제, TAMA 영화제 최우수작품상), 가네코 슈스케 감독 <노부토라>(마드리드 국제영화제 최우수감독상). 배급 작품: 미시마 유키코 <도쿄 조곡 2020>. 출판물 『필름 메이커즈』시리즈, 『미조구치 겐지 저작집』

CHAPTER II

이야기를 다채롭게 만드는 편집기법

이야기의 구조나 구성에 중점을 두고서 이를 효과적으로 전달하기 위한 영상과 음향의 연출, 편집기법을 몸에 익힌다. 관객이 기대하고 흥분을 느끼도록 기교를 발휘하자!

이야기의 본질은 변화에 있다
시간을 조작하여 이야기를 만들자

이야기는 변화에 깃든다

● 변화를 인식하는 본능
생명체는 변화로 세계를 인식한다. 눈앞에서 뭔가가 움직이면 바로 알아차린다. 사냥감 또는 적을 인식하기 위한 원시적 본능이다.

AAAAAA→AABAAA

이것을 보면, 당신은 맨 먼저 'B'의 변화를 알아차릴 것이다. 그리고는 왜 변화했는지, 무슨 일이 일어났는지 상상하며 드라마를 느낀다. 이것이 이야기의 본질이다.

[X] : 주인공 = 변화하는 무엇.

● 변화야말로 이야기
변화야말로 이야기임을 단적으로 보여주는 것이 [Xa→Xb]로 표현되는 기누가사(지은이) 이론이다. [X]는 주인공=변화하는 것. [a] 상태에서 [b] 상태로 변화한다. 사실 이것만으로도 관객은 충분히 이야기를 느낄 수 있다.
[X] 누구의, [ab] 무엇이 변화하는가,에 주목하면 스토리나 테마가 명확해진다. 이야기가 별로라고 느꼈다면 대부분 이 변화가 보이지 않기 때문이다.

[a]는 변화 전 속성
[Xa]는 무언가의, 변화하기 전 상태.

[→]는 변화하는 과정
생략 가능. 예상치 못한 지점을 경유하며 재미있게 만들 수도 있다.

[b]는 변화 후 속성
[Xb] 무언가의, 변화한 후의 상태.

Information

◆ 편집의 묘미는 밑밥 집어넣기
마술사가 관객이 볼 수 없는 곳에 장치를 준비하듯, 관객이 볼 수 없는 미래를 향해 밑밥을 집어넣자. 예를 들어 마지막 장면에 주인공의 표정을 넣기로 정했으면, 맨 처음 그 캐릭터의 다른 분위기를 보여주고, 한동안은 관객에게 얼굴을 보여주지 않는다. 이는 관객으로 하여금 표정을 상상하도록 만들어, 마지막 표정 장면에서 강한 인상을 받도록 할 수 있다.

◆ 스스로 발견하는 기쁨을 관객에게
관객에게 일부러 정보를 주지 않거나 해서 불안감을 유도하다가, 마지막에서야 비밀을 밝힌다. 이러면 관객은 수동적로서가 아니라 주인공의 감정을 직접 발견했다고 받아들인다. 관객은 마술장치는 눈치채지 못하고, 주인공과 함께 영화 속을 살아온 것처럼 착각한다. 다른 사람에게서 전해들은 이야기가 아니라 자신의 일처럼 느끼게 하는 기술이다.

24

POINT 인간은 '변화에 민감'하다는 본능을 갖고 있다. 이야기의 본질은 이런 변화의 창출이다. 변화를 보여주려면 '시간'을 능숙하게 이용해야 한다. 시간을 조작하는 마술이야말로 편집이다.

시간을 조작해서 이야기를 만든다

● 크로노스 시간과 카이로스 시간

시간에는 두 종류가 있다. 시계로 측정하는 크로노스 시간과 사람마다 다르게 주관적으로 느끼는 카이로스 시간이다. 편집에서는 이 차이가 중요하다. 영화 분량은 크로노스 시간에 묶여 있지만, 이야기의 템포는 카이로스 시간으로 정해진다. 이제부터 편집으로 다양하게 관객의 흥미를 끄는 방법을 설명할 텐데, 이것은 카이로스 시간을 조작하기 위함이다.

● 작가와 관객과 영화, 각각의 시간

영화에서는 세 종류의 시간을 의식하자. 객석에 흐르는 관객의 시간, 제작자가 사용하는 시간, 그리고 영화에서 이야기하는 시간이다. 예를 들면 10분짜리 단편 영화를 2주간 편집, 내용은 100년간의 이야기, 이런 식이다. 게다가 시간이 흐르는 방향도 각기 다르다. 관객은 다음 순간을 모른 채 이야기하는 순서대로 본다. 하지만 제작자는 이야기의 어디부터든 자유롭게 만들기 시작할 수 있다. 마지막을 먼저 설정하고 그곳으로 관객을 끌어들일 수도 있다. 관객과는 다른 순서로 이야기 전개를 만들어간다.

원모어 어드바이스

변화 과정에 애를 태워야 재미

[Xa→Xb]에서, [Xb]로 변화하는 과정을 지연시키면 관객은 영화를 계속 보고 싶어 한다. [Xb]로의 변화가 예상은 되지만 좀처럼 그렇게는 되지 않고 심지어는 다른 방향을 향해서, "이러면 곤란해!"란 생각이 들게 한다면 의도대로 된 것이다. 완전히 화면에서 눈을 못 뗀다. 그리고 마지막에 예상했던 변화로 결말이 나면, 이걸로 관객은 수긍한다. 영화라는 이야기뿐 아니라 프레젠테이션이나 해설 등 일상생활에서도 활용할 수 있는 요령이다.

변화와 애태우기로 매혹적인 구성을 만든다

요령 Ⓐ
애태우기로 관객의 흥미를 끈다

● 변할듯한데 변하지 않으며 애를 태운다

영화 재미의 본질은 애태우기다. 시작부터 마지막에 이르기까지의 변화에 애타게 만들면 관객은 이야기에 빨려들게 된다. [Xa→Xb]에서, [Xb]로의 변화를 예감케 하면서도 이런저런 상황이 생겨 변하지 못하게 한다. 이처럼 [Xa]에서 [Xb]까지의 사이를 애태우기로 처리한다.

● 애태우기 위한 보편적인 방법

애태우기에 잘 알려진 방법으로는 3막 구성, 기승전결, 서론-본론-결론, 변증법 등이 있다. 구조는 모두 같다. 이야기가 시작되며[Xa], 문제를 깨닫는다. 문제에 도전하지만 실패하고 좌절한다. 하지만 실패로부터 배우며 결말[Xb]에 이른다. 이것은 사람이 문제를 해결하는 방식 그 자체다. 그렇기 때문에 옛날부터 보편적인 방법으로 활용되어왔다.

[Xa]　　[Xb]

요령 Ⓑ
3막 구성과 변증법으로 애태우기!

각본에서 종종 사용하는 3막 구성과 변증법적 해석을 사용해 애태우기의 구조를 설명한다.

• 제1막 (3막 구성) [테제=전제 (변증법)]
이야기가 시작된다(최초의 상태=[Xa]). 문제를 깨닫는다([Xb]로의 예감).

• 1TP (제1터닝 포인트) (3막 구성)
해결을 위해 [X]가 행동하기 시작한다.

• MP (미드 포인트)
도전이 성공한 것처럼 보인다.

• 제2막-후반 [안티테제=반전제]
도전에 헛점이 보이기 시작하며 [X]는 실패한다.

• 2TP (제2터닝 포인트) [아우프헤벤=지양]
최악의 상황에서 [X]의 숨겨진 진실이 밝혀진다. 문제와 도전의 본질이 재조명되며 이야기의 주제가 선명하게 드러난다.

• 제3막 [진테제=합]
해결해 나간다. 생각지도 못했던 새로운 방법으로, 문제와 도전의 실패를 거쳐 새로운 해결이 찾아온다. 본래 짐작했던 해결뿐 아니라 광범위하게 다시 해석한 결말=[Xb]에 도달한다.

Information

◆ 단순한 변화나 애태우기도 효과적이다

변화와 애태우기는 전작인 『영화 제작의 교과서』『영화 각본의 교과서』*에서도 논했다. 문제 발견 후 해결하려는 싸움을 거쳐 성장하는 모델이므로, 누구에게나 익숙하다. 그래서 꽤 단순한 변화나 애태우기를 늘어놓더라도 관객은 감정이입한다. '나는 잘 웃지 못한다'→'나는 웃고 있었다'처럼 단순 명쾌한 [Xa→Xb]여도 애태우기를 어떻게 하느냐에 따라, 깊고 복잡한 주제로 충분히 설득력 있게 이야기할 수 있다.

◆ 다양한 수준에서 응용할 수 있다.

변화와 애태우기의 사고방식은 다양한 수준에서 응용할 수 있다. 영화 전체나 어느 한 장면 또는 시리즈 전체를 통해서도 심지어는 작은 서브캐릭터의 설계에서도 응용할 수 있다. 애당초 이야기란, 사람이 변화와 애태우기로 세계를 이해하고자 만들어낸 것이다. 그래서 설득력이 강하고 아름답게도 느껴진다. 각본이 언어를 사용해 이 일을 해낸다면, 편집은 영상과 소리를 사용해 변화와 애태우기로 이야기를 구상한다.

* 기누가사 류톤, 『영화 제작의 교과서-프로가 알려주는 60가지 요령 ~기획, 촬영, 편집, 상영~』『영화 각본의 교과서-프로가 알려주는 시나리오의 요령 -지식, 법칙, 아이디어, 분석』, 메이츠 출판

POINT

영화 전체든 또는 하나의 장면이든 변화와 애태우기로 관객의 흥미를 끌어낸다. [Xa→Xb] 이론으로 우여곡절을 만들어내는 구성은 고전적인 방법이므로 꼭 기억해서 응용하자.

이야기에 기복을 두자!

이야기 구성법을 활용하면, 간단한 [Xa→Xb]의 변화로 풍부한 이야기를 구성할 수 있다.

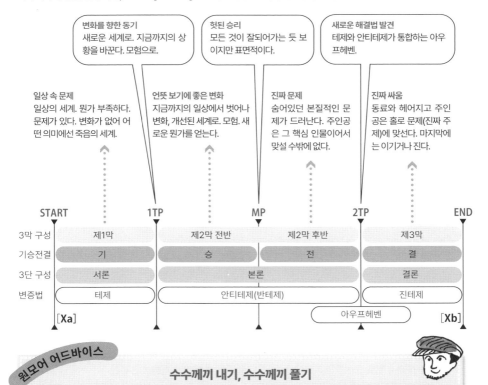

> **변화를 향한 동기**
> 새로운 세계로. 지금까지의 상황을 바꾼다. 모험으로.

> **헛된 승리**
> 모든 것이 잘되어가는 듯 보이지만 표면적이다.

> **새로운 해결법 발견**
> 테제와 안티테제가 통합하는 아우프헤벤.

일상 속 문제
일상의 세계. 뭔가 부족하다. 문제가 있다. 변화가 없어 어떤 의미에선 죽음의 세계.

언뜻 보기에 좋은 변화
지금까지의 일상에서 벗어나 변화, 개선된 세계로. 모험. 새로운 뭔가를 얻는다.

진짜 문제
숨어있던 본질적인 문제가 드러난다. 주인공은 그 핵심 인물이어서 맞설 수밖에 없다.

진짜 싸움
동료와 헤어지고 주인공은 홀로 문제(진짜 주제)에 맞선다. 마지막에는 이기거나 진다.

	START		1TP		MP		2TP		END
3막 구성		제1막		제2막 전반		제2막 후반		제3막	
기승전결		기		승		전		결	
3단 구성		서론		본론				결론	
변증법		테제		안티테제(반테제)				진테제	
							아우프헤벤		
	[Xa]								[Xb]

원모어 어드바이스

수수께끼 내기, 수수께끼 풀기

변화와 애태우기의 응용 중 하나가 수수께끼이다. '문제와 해결'을 '수수께끼 내기와 수수께끼 풀기'로 생각해보자. 수수께끼를 발견하고 그것을 푸는 과정에 기복을 만든다. 추리물 영화에 국한하지 않는다. 장면의 연결이나 컷 등에서 간단하지만 강력한 방법이므로 많이 사용한다. 예를 들면 '먼저 펼친 손의 클로즈업으로 시작해, 다음 컷에서는 손을 들어 권총을 향하고 있다' 등도 수수께끼 내기와 풀기로 흥미를 지속시키는 수법이다. 영화를 보자, 많이 사용되고 있다.

TAKE 09 소재를 조합해 관객을 이야기로 유도하자

요령 A

'편집의 발견'은 우연한 해프닝

영화가 발명된 초기에는 현실을 있는 그대로, 움직이는 영상으로 기록했다. 그러다 어느 날 마차를 촬영하다가 카메라가 고장났다. 수리 후 다시 촬영한 필름을 상영해보니 놀랍게도 마차가 돌연 사람으로 바뀌어 있었다. 이것이 편집의 발견이었다.

● 시간과 공간의 편집을 발견
영상이 시간을 건너뛴 것은 이때가 처음이었다. 사람들은 영화라는 것이 현실 그대로를 비추는 게 아니라 시간과 공간을 가공해 주관적인 진실을 만들어내는 것임을 알게 되었다.

● 심리적 묘사로의 진화
에드윈 포터의 <대열차 강도>(1903년 미국)에서 처음으로 인물의 업숏이 등장한다. 마지막 장면은 강도가 관객석을 향해 총을 발사하는 충격적인 영상이다. 총 맞는 쪽에서 바라본 장면에 관객은 깜짝 놀랐을 것이다. 영화는 카메라를 어디에 두느냐에 따라, 누구의 시점에서 어떻게 볼지를 자유롭게 조작할 수 있다.

요령 B

편집이란, 영상의 조합

① 대화하는 두 사람을 옆에서 촬영한다
이대로도 기록하는 영상으로는 성립한다.

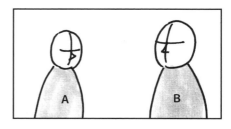

② 한 사람씩 촬영한 영상을 교차시킨다
대화의 어느 부분에서 어느 쪽 얼굴을 보여줄지, 편집으로 선택할 수 있다. 듣는 표정, 말하는 표정, 뭔가에 정신이 팔린 표정 등 보여주고 싶은 부분만 연결할 수 있다. 영상 선택 방식에 따라 다른 의미로 유도할 수도 있다.

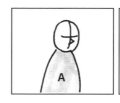 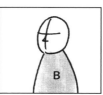

Information

◆ 소리를 끄고서 영화를 본다
편집기술을 몸에 익히려면 관객과는 다른 시각으로 영화를 분석하는 것이 좋다. 관심이 가는 장면으로부터 기술을 배우며 성장하는 것이다. 예를 들어 마음에 드는 장면은 소리를 끄고서 보자. 음성에 정신 팔리지 않고 집중할 수 있기 때문에 영상으로 이야기하는 다양한 기술이 눈에 들어온다. 옛날 영화든 최신 작품이든 배울 점은 많다. 덧붙이자면, 영상으로 이야기하는 기술은 무성영화 시대에 기초가 다져졌다. 그 시대의 추천 영화를 오른쪽에 열거했다.

◆ 무성영화 시대의 추천작
· 컷과 컷을 충돌시킨 예이젠시테인 감독의 <전함 포템킨>(1925 소련).
· 지가 베르토프의 구성이 멋진 다큐 영화 <카메라를 든 사나이>(1929 소련).
· 시간과 공간을 조종한 그리피스 감독의 <인톨러런스>(1916 미국) 외 여러 작품.
· 영상만으로 모두 이야기하는 무르나우 감독의 <마지막 웃음>(1924 독일).
· 무성영화 시대에 데뷔한 히치콕의 여러 작품.

③ 배경을 비춘 영상을 교차시킨다

대화의 시작이나 끝, 또는 대화 어딘가에 배경을 비춘 롱사이즈 영상을 교차시킨다. 두 사람이 처한 상황을 알게 되면서 두 사람의 이야기를 추측할 수 있다.

④ 표정이 보이지 않는 영상을 교차시킨다

대화하는 당사자의 표정이 보이지 않는 위치의 영상이 있으면, 일부러 표정을 보여주지 않음으로써 관객의 상상을 불러일으키거나 애가 타도록 할 수 있다.

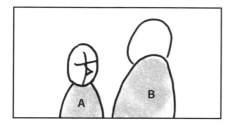

⑤ 다양한 영상으로 유도한다

대화하는 두 사람을 직접 촬영한 것이 아니어도, 관련성이 느껴지는 다양한 영상을 삽입하며 관객을 유도할 수 있다.

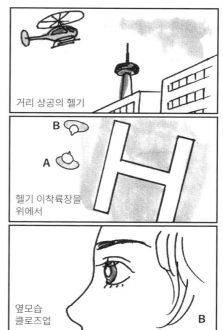

거리 상공의 헬기

헬기 이착륙장을 위에서

옆모습 클로즈업

원모어 어드바이스

중요한 것은 '스토리가 전달되는가'이다

가장 중요한 확인 사항은 편집을 마친 영상과 소리로 스토리텔링이 가능한지 여부다. 작품의 스토리 전달에 필요한 영상과 소리는 적절히 조정되었는지. 너무 과신하지 말고 세부 사항에 신경을 쓰면서 편집 작업을 진행하자. 이것이 나아가서는 작품의 완성도, 관객의 감동으로 이어진다.

⑩ 쿨레쇼프 효과를 이용하자
영상의 충돌이 이야기를 만든다

요령 **A**

영상을 충돌시키자

● 의미는 충돌로부터 생겨난다

2개의 영상을 맞부딪치면 새로운 의미가 생겨난다. 단순히 한 남성의 근접 영상일 뿐이지만, 죽은 아이의 영상과 연결하면 슬퍼하는 듯이 느껴지고, 수프 접시나 누워있는 미녀의 영상과 연결하면 식욕이나 성욕 등 다른 의미가 느껴진다.

이것은 영화 초창기인 1922년에 레프 쿨레쇼프가 실험으로 보여준, 쿨레쇼프 효과(Kuleshov effect) 라고 알려진 기법이다. 완전히 동일한 남자의 근접 영상에 다양한 필름을 이어 붙이니, 관객은 이어 붙인 영상에 영향을 받아 남자의 표정을 다르게 받아들였다. 편집으로 관객의 감정 유도가 가능함을 깨우쳐 준 기법이다.

떠올리는
감정↓
'슬프다'

● 별개의 영상을 연관 짓는다

관객은 2개의 영상이 완전히 다른 시간, 다른 장소에서 촬영되었어도 하나의 심리적 의미를 형성한다고 받아들인다. 이

'먹고 싶다'

예시에서, 관객은 연결한 영상이 남자가 보고 있는 대상이라고 연관 짓는다. 연결 방법에 따라서는 현실의 풍경이 아니라 남자가 내면에서 상상한 영상

'아름답다'

으로 연관 지어 받아들이게 할 수도 있다.

Information

◆ 연기의 기본은 시선

무엇을 보는가. 배우는 연기할 때 그 역할의 행동 및 충동을 진짜처럼 느끼고, 특히 시선을 의식하며 몸을 움직인다. 관객이 보기에는 이것이 설득력 있는 표정을 낳는다. 주고받는 시선은 원시적인 의사소통인 까닭에 대사보다 강력하다. 말에는 거짓이 섞이지만 시선으로 거짓을 말하기는 어렵다. 따라서 시선을 잘 다루면 한 컷 내에서도 관객을 자신의 이야기나 내면으로 유도할 수 있다.

◆ 시선에 주목한 편집

편집하며 인물이 무엇을 보고 있는지에 주목하면, 연기의 어디를 보여줘야 좋을지를 판단하는 지표가 된다. 또한 무엇을 보고 있는지를 관객이 언제 알게 되는지에 따라서도 이야기를 만들 수 있다. 데이미언 셔젤 감독 <라라랜드>(2016 미국)의 '가을' 마지막 장면, 이별하는 대화의 시선을 따라가 보기 바란다. 시선을 돌리는 끝에 무엇이 있고, 그곳이 어디인지가 이 장면의 핵심이다.

30

POINT 시간이나 공간과 관계없는 영상이어도 두 영상을 연결하면 관객은 거기서 의미를 읽으려 한다. 또한 인물이 무엇을 보고 있는지로 내면을 상상하게 할 수 있다. 편집으로 이야기를 창출할 수 있다.

쿨레쇼프 효과로 이야기를 창조한다

● 새로운 의미의 생성
시인은 시를 지을 때 각각의 단어를 맞부딪쳐 완전히 새로운 의미를 만들어낸다. 이와 마찬가지로 편집이란 다양한 영상 소재를 맞부딪쳐 새로운 의미의 문장(=영상)을 완성하는 창조적인 작업이다.

● 편집으로 이야기를 창조한다
편집에 따라 같은 영상에서 다른 이야기가 탄생한다. 예를 들면, ①컵에 약을 녹인다→ ②마시는 남자→ ③ 침대에 쓰러져 있는 남자, 이렇게 연결하면 연속된 이야기를 상상한다. 이것을 ①침대에 쓰러져 있는 남자 → ②약을 녹인다→ ③마시는 남자, 이렇게 순서를 바꾸면 다른 이야기가 탄생한다.

● 다양한 응용이 가능하다
플래시백(회상) 편집도 쿨레쇼프 효과를 이용한다. 또한 인물이 아니어도 앞뒤의 영상으로 특정 의미를 느끼게 할 수 있다. 구로사와 아키라 감독이 <천국과 지옥>(1963 일본)에서 아랫마을이 내려다보이는 재택으로 빈부격차의 세계관을 전한 것 등이 그 예다.

쿨레쇼프 효과로 심리를 묘사한다

● 관객은 내면을 추측한다
두 영상의 연결로 '어떤 광경을 바라보는 인물'이라는 상상이 만들어진다. 여기에는 '관객은 인물이 무엇을 보고 있는지로 속내를 읽는다'라는 구조가 있다. 대화 상대를 보고 있으면 뭔가를 전했나 보다, 눈을 돌리고 있으면 뭔가 말하기 어려운가보다고 느낀다. 연기가 훌륭하다고 여기는 장면에서 소리를 끄고 등장인물이 순간순간에 무엇을 보고 있는지 관찰해보면 이것을 잘 이해할 수 있다.

● 시선으로 심리를 묘사
현실에서도 대화하는 상대의 시선으로 상대의 심정을 추측해보자. 이쪽의 눈을 보고 있는지, 테이블에 눈을 떨구고 있는지, 아니면 당신 뒤편의 허공을 바라보는지. 순간순간 상대가 어떤 기분일지를 상당 부분 알 수 있다. 이는 속내를 비칠 수 없는 영화에서, 영상으로 심리를 전달하는 중요한 포인트다.

영상의 충돌로 의미를 만든다
예로 든 사례의 경우, '죽은 아이'라는 장면은 같지만 남자 측 표정을 바꿀 수도 있다. 예를 들어 남자가 미소를 띠고 있다면 어떨까. 남자와 아이의 관계가 완전히 다른 의미로 느껴진다. 그렇다면 남자가 고개를 숙이고 있다가 눈을 들어 바라보는 움직임을 연결하면 어떻게 보일까? 아니면 눈을 돌리고 있는 부분을 연결한다면? 컷의 연결만으로도 어디에서 시작해 어디에서 끝나는지에 따라 의미와 인상을 바꿀 수 있다.

TAKE ⑪ 관객의 착각을 이용해 감정이입을 유도한다

요령 Ⓐ
등장인물을 자신으로 착각하게 한다

● 투영의 착각

우리는 영화관에서 스크린 속 주인공을 볼 때, 주인공이 보는 것을 마치 자신이 보는 것처럼 착각한다. 그러고서 주인공의 기쁨과 슬픔을 느낀다. 하지만 사실 그 감정은 주인공이 아닌 우리가 느끼는 감정이다. 주인공에게 자신을 투영하고 있다고도 할 수 있다. 이런 착각은 쿨레쇼프 효과(TAKE 10)가 발생하는 원인 중 하나이기도 하다.

● 착각이어서 드는 안도감

아무리 스플래터* 영화에 몰입해 자신을 투영해도 부상을 입거나 죽지는 않는다. 심리적 투영도 마찬가지다. 제아무리 슬픔, 절망, 욕망, 패륜, 감정의 격앙이나 죽음을 느끼더라도 영화 속 일이다. 바꿔 말하면 현실에서는 맛볼 수 없는, 맛보는데 거부감이 드는 심리를 영화에서는 남의 일로 즐기며 맛볼 수 있다. 이것도 영화가 재미있는 이유 중 한 가지다.

* 스플래터(splatter): 유혈, 폭력 등의 잔혹한 묘사가 많은 공포 영화의 일종.

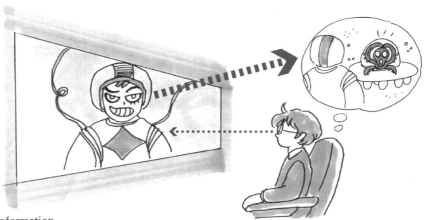

Information

◆ 일인칭 시점의 이용

게임에는 FPS(First-person Shooter) 같은 일인칭 시점의 게임이 있다. 이것은 TAKE 11에서 설명한 투영의 착각을 이용하지 않고 직접 주인공의 시야로 보이게 하는 수법이다. 영화에도 현장감을 전할 때 중요한 POV(Point Of View), 즉 시점 숏이 있다. 하지만 인물 리액션에 의한 유도가 부족하기 때문에 부분적으로 이용하는 경우가 많다. 일인칭 게임에서도 드라마 부분은 일부러 일인칭 시점에서 이탈해 주인공을 보여주는 경우가 많다.

◆ 일인칭 시점으로 유명한 작품

일인칭 시점과 등장인물의 표정을 교묘하게 섞은 편집으로 대표적인 작품은 고가도로 밑에서의 차량 추격 장면으로 유명한 프리드킨 감독의 <프렌치 커넥션>(1971 미국)이다. 마찬가지로 차에서 바라보는 일인칭 시점으로는 단일 컷으로 촬영한 를루슈 감독의 9분짜리 단편영화 <랑데부>(1976 프랑스)도 유명하다. 두 영화를 비교하며, 장편영화에서 이야기의 일부로 주인공에게 감정을 이입시키는 경우와 실험적 단편에서 체감시키는 경우의 차이를 생각해보자.

POINT 관객은 스크린 속 등장인물을 바라보면서 등장인물이 보고 있는 것을 자신이 보고 있다고 착각하며 자신의 감정을 등장인물에게 투영한다. 여기에 감정이입을 유도하는 편집의 힌트가 있다.

요령 ⑧
관객의 감정이입을 유도하자

● 스크린은 거울
스크린을 향한 관객의 시선은 스크린 속에서 주인공이 보는 시선으로 옮겨진다. 관객은 주인공에게 자신의 감정을 투영하고, 등장인물이 살아가는 인생을 산다. 스크린 속 주인공은 거울에 비친 관객이라 해도 좋다. 이 구조를 이해해 두자.

● 관객의 투영을 편집한다
스크린은 관객을 비추는 거울이다. 어떻게 편집할지에 대한 방침에서는 이를 고려해야 한다. 당신이 편집하려는 영화는, 관객에게 객관적으로 보여주는 것이 아니라 관객을 주관적으로 끌어들이는 것이다. 관객에게 주인공을 마치 자신의 분신처럼 느끼게 해, 남의 일이 아닌 자신의 모험으로 몰입시킨다. 영화 속으로의 감정이입을 유도하자.

원모어 어드바이스
시선의 방향과 그 심리적 영향
사람은 본인이 볼 때의 오른쪽 방향(맞은편에선 왼쪽)에서 미래, 왼쪽(맞은편에선 오른쪽)에서 과거를 느낀다고 한다. 또한 위는 외부, 아래는 내면을 나타낸다고도 한다. 그래서 거짓말은 오른쪽 위(맞은편에선 왼쪽 위), 반성은 왼쪽 아래(맞은편에선 오른쪽 아래)의 시선 방향에서 느낄 수 있다. 또 본인이 봤을 때 오른쪽에 보이는 것은 강하게, 왼쪽에 보이는 것은 약하게 느낀다고 한다. 그래서 약한 입장의 인물을 왼쪽에 배치하는 경우가 많다. 그리고 왼쪽에서 오른쪽으로의 움직임은 천천히 올라가는 인상, 반대는 빠르게 떨어지는 인상이라고 한다.

영화의 계층구조를 의식하고 철저히 애태우기 구조로 만든다

요령 A

영화는 계층구조로 되어 있다

이야기 측면에서 영화는 3막 구성 또는 기승전결로 나누어 생각할 수 있지만(TAKE 08), 각각의 컷, 장면, 에피소드 역시 계층구조처럼 짜여 있다.

● 계층을 의식하며 편집한다

편집할 때 자신이 지금 어느 계층에서 생각하고 있는지를 의식하자. 컷이든 장면이든 에피소드든, 각각은 이야기 전체와 동일하게 3막 구성 또는 기승전결을 지니고 있다. 각각의 부분 안에서 이야기 구조가 완결되도록 편집하자.

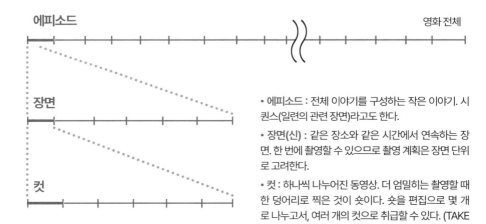

에피소드   영화 전체

장면

컷

• 에피소드 : 전체 이야기를 구성하는 작은 이야기. 시퀀스(일련의 관련 장면)라고도 한다.

• 장면(신) : 같은 장소와 같은 시간에서 연속하는 장면. 한 번에 촬영할 수 있으므로 촬영 계획은 장면 단위로 고려한다.

• 컷 : 하나씩 나누어진 동영상. 더 엄밀히는 촬영할 때 한 덩어리로 찍은 것이 숏이다. 숏을 편집으로 몇 개로 나누고서, 여러 개의 컷으로 취급할 수 있다. (TAKE 15)

Information

◆ 디테일보다는 전체를

편집으로 컷을 연결할 때 자칫하면 세세한 부분에 치중하게 된다. 하지만 관객은 전체에서 즐거움을 느낀다. 아무리 디테일을 잘해도 전체 구성이 별로면 영화의 인상도 별로다. 반대로 디테일에 결점이 있어도 전체 구성이 재미있으면 그 약점은 신경 쓰이지 않는다. 맘에 걸리는 부분이 보인다면 그것을 개선하려하기 전에, 물러서서 전체 구성을 조망해보자. 전체 구성 중에서 그 부분이 맘에 걸린 이유가 보이면 효과적으로 개선할 수 있다.

◆ 갈피를 못 잡겠다면 다시 하라

편집을 하다보면 어떻게 연결해야 할지 갈팡질팡하는 경우가 있다. 이럴 때는 차라리 근본적으로 재검토해 다시 하는 편이 효과적인 해결일 때가 많다. 창조의 신은 디테일에 깃든다고 한다. 확실히 제작자의 개성이나 멋진 부분은 디테일에 나타난다. 하지만 그 디테일이 빛나려면 작품 전체가 흔들림 없고 재미있어야 한다. 그러니 일단 물러서서 생각한다. 전체 흐름이 좋아야 디테일에 깃든 당신의 특성이나 개성을 관객도 좋다고 느낀다.

영화 전체는 컷, 장면, 에피소드의 조합으로 이루어져 있다. 지금 자신이 어느 계층을 생각하고 있는지 의식하며 편집을 원활하게 진행해 재미있게 만들자.

요령 ❽

어느 계층이든 애태우기는 효과적이다

● 애태우기를 가급적 철저히 한다

각 부분을 어떻게 재미있게 만들까? 이야기 전체와 마찬가지로 애가 타도록 만든다. 각각의 [Xa(시작)→Xb(끝)]을 찾아, [→]에 따르는 역경에 대한 도전, 방해, 해결 등의 굴곡을 발견해 애가 타도록 만든다.

● 기법의 본질은 '없네없네 까꿍!'

애태우기는 '없네없네 까꿍' 과 같은 것이다. 손으로 가린 얼굴로 시작해서[Xa], '까꿍'으로 얼굴을 보여주며 끝난다[Xb]. 사이의 [→]가 아기의 웃음을 만들어낸다. 목소리와 함께 열었다가 닫고, 눈만 보여주는 등 기대감을 주며 아기의 애를 태운다. 점점 얼굴이 보고 싶어지다가 까꿍!'에서 크게 기뻐한다. 그저 얼굴만 봤을 때보다 몇 배나 즐거워한다. 얼굴을 가린 손이라는 역경과 기대가 있기 때문이다.

이야기를 만드는 비결은, 이야기 그 자체로는 대단할 것이 아무것도 없다는 점이다. 재료 활용법에 요리의 묘미가 있듯이, 대단하다고 생각하도록 만드는 기법이 있을 뿐이다. 이것만 파악해도 훨씬 재밌어진다.

원모어 어드바이스

'수수께끼 내기, 수수께끼 풀이'도 편집의 강력한 무기(TAKE 08)

애태우기의 일종인 '수수께끼 내기, 수수께끼 풀이'. 컷, 장면, 에피소드 어느 부분이든 수수께끼로 흥미를 끌고, 수수께끼 풀이로 납득시키는 방법은 강력한 무기가 된다. 일부러 관객에게 정보를 숨기고, 조금씩 내놓으며 정보를 보이다가, 어딘가에서 결정적으로 수수께끼를 푼다. 등장인물이 무엇을 보고 있는가로 수수께끼를 내기도 하고, 상황이 파악되는 화면을 보여줄 위치를 노리거나, 처음에 소품을 크게 보여주고 마지막에 그 의미를 알 수 있도록 구성하는 등 편집에서도 다양하게 사용할 수 있다.

TAKE ⑬ 템포와 간격으로 심리적 시간을 조작한다

요령 Ⓐ
카이로스 시간에 템포를 만든다

앞서 말했듯, 시간의 기준에는 시계로 재는 크로노스 시간과 주관적인 카이로스 시간 두 가지가 있다(TAKE 07). 시작하자마자 바로 끝나는 듯한 느낌인, 이른바 롤러코스터 영화는 카이로스 시간이 교묘하게 조립되어 있다.

● 카이로스 시간의 단락
관객이 느끼는 카이로스 시간은 [Xa→Xb]의 변화(작은 이야기)를 단락 짓는 기준으로 느낀다. 크로노스 시간을 잊을 정도로 재미있는 영화는 이 단락들을 좋은 템포로 연결한다.

● 끝을 시작으로 한다
롤러코스터 영화의 시초로 꼽히는 <인디아나 존스> 시리즈 중 <인디아나 존스: 마궁의 사원>(1984 미국)을 보자. 주인공의 승리로 끝났다고 생각한 컷에 이어지는 관객을 당황하게 만드는 컷, 그리고 불안감을 조성하며 다음 에피소드의 시작으로 이어진다.* 끝과 시작이 겹치는 구성법이 효과적이다. 영상에 더해진 소리의 앞당기기와 뒤로 밀기(TAKE 23)도 이런 효과를 만드는 수법 중 하나다.

* 악당 라오셰로부터 탈출하지만 탈출에 사용한 비행기가 라오셰 일당의 소유다. 이를 보고 비웃는 라오셰 일당 장면이다.

Information

◆ 음악에서의 박자
음악에서는 1분에 몇 박인지를 악보 맨 앞에서 BPM(Beats Per Minute)으로 지정한다. BPM은 의학에서는 1분간의 심박수를 나타낸다. 음악에서 자주 사용하는 60~90BPM은 사람의 차분한 평정 상태 박동과 같다. 90~140BPM은 조금 빠른, 우쭐할 때의 느낌이며 150~200BPM은 상당히 흥분한 박동에 가깝다. 이런 박자도 사람이 느끼는 시간을 객관적으로 보여주는 방법이다.

◆ 음악에서 시간을 다루는 방법
음악에서는 기본적으로 절반과 2배의 템포로 시간을 다룬다. 온음표의 절반이 이분음표, 또 절반이 사분음표, 이런 식이다. 인간의 감각은 등간격이 아니라 지수적이어서 등분보다 반으로 나누는 이런 사고방식이 귀에 익숙하다. 절반 외에도 3/4, 10/16 등 분모가 2의 승수를 따르는 템포도 잘 맞는다. 음악 길이에 대한 이런 개념은 컷의 길이를 고려할 때 참고가 된다.

POINT

시계의 시간은 등간격이지만 사람이 느끼는 시간은 지수적으로 늘고 준다. 영화는 시간을 잊고서 보므로, 컷 연결을 집중적으로 공부해 다음 장면에 대한 긴장감을 불러일으키는 템포를 만들어내자.

요령 ❶

긴장감이 시간을 잊게 한다

크로노스 시간을 잊게 해 영화감상 시간이 짧게 느껴지도록 하는 요령은 [Xa→Xb]에서 [Xb]로 향하는 예감의 연출이다. 달성되지 않은 예감이나 미해결 불안이 관객을 긴장시키며 다음에 대한 초조감을 낳는다. 긴장감이 없으면 짧은 컷이어도 지루해서 길다고 느낀다.

● 긴장감으로 흥미를 지속시킨다

<츠바키 산주로>(1962 일본)의 도입부를 보자. 산사에 있는 사무라이들의 소동이 끝났다고 생각하게 하는 컷인데 여기서 "잠깐만, 안돼…"로 관객을 긴장시키다가 다음 이야기로 이어진다. 이 수법은 컷뿐만 아니라 장면, 시퀀스, 영화 전체 등 모든 계층에 유효하다. 어느 계층이든 긴장감이 있는 한 흥미는 지속된다.

요령 ❷

ⒿⓀⓁ키로 간격을 만든다

끝부분에 시작을 겹치면 그 사이에 긴장감이 생긴다. '한 박자 놓고'라는 표현처럼, 간격을 한 박자로 생각해보면 좀더 체감할 수 있을 것이다. 그 길이는 실제로 느끼는 1초보다 조금 짧은 정도이며, 대체로 심장박동에 가까운 느낌이다.

● 한 박자는 숫자라기보다 체감하는 느낌

이런 간격을 만들 때 컷을 몇 초의 개념으로 보면 부자연스럽다. 편집 소프트웨어의 타임라인 길이로 어림잡더라도 역시 부자연스럽다. 영상을 틀면서 자기 나름의 감각으로 연결하는 것이 좋다.

● ⒿⓀⓁ키로 간격을 다루자

연결 작업에는 편집 소프트웨어의 [Ⓙ역재생/Ⓚ정지/Ⓛ재생] 키가 강력한 아군이다(TAKE 05). Ⓛ재생으로 모니터를 보면서 자기 나름의 간격에서 Ⓚ로 정지. 간격이 마음에 걸리면 그 포인트부터 Ⓙ로 역재생. 간단한 기술이지만 중요하다. 익숙해지면 자기 나름의 간격으로 자연스럽게 연결할 수 있다.

감사합니다

잠깐만

원모어 어드바이스

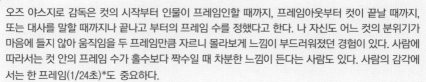

한 프레임도 신중하게

오즈 야스지로 감독은 컷의 시작부터 인물이 프레임인할 때까지, 프레임아웃부터 컷이 끝날 때까지, 또는 대사를 말할 때까지나 끝나고 부터의 프레임 수를 정했다고 한다. 나 자신도 어느 컷의 분위기가 마음에 들지 않아 움직임을 두 프레임만큼 자르니 몰라보게 느낌이 부드러워졌던 경험이 있다. 사람에 따라서는 컷 안의 프레임 수가 홀수보다 짝수일 때 차분한 느낌이 든다는 사람도 있다. 사람의 감각에서는 한 프레임(1/24초)*도 중요하다.

＊영화관 프레임 수는 초창기부터 대부분 24fps이다(24fps=24장/1초)

정렬순서와 생략을 활용해 관객이 이야기를 상상하도록 만든다

이야기는 영상의 조합에 따라 바뀐다

위의 ⓪~③ 4개 영상을 조합해 이야기를 만들어보자.
시작과 끝을 정하고, 그 변화 [Xa→Xb]에 주목하면 이 작은 이야기가 바뀐다.

• ① → ② → ③
도시에서 바다로 갔다가 도
시로 돌아온다. 시작과 끝
의 대비에 따른 주인공의
변화가 궁금한 구성이다.

• ① → ②
도시에서 바다로 갔다. ①에서 어디로 가
는지로 긴장감을 더하다가 ②에서 바다
로 갔다. 바다에 의미를 부여하면 결말이
더욱 강하게 느껴진다.

• ② → ③
바다에서 도시로 간 것 같다. 주인공은 도
시에서는 이방인이며 이제부터 모험이
시작된다는 인상을 줄 수도 있다.

Information

◆ 관객이 상상하도록 만들자

편집으로 이야기를 만들 때 중요한 점은 무엇을 보여주고, 무
엇을 보여주지 않느냐이다. 영상뿐 아니라 소리도 마찬가지다.
지나친 정보 전달은 당연하게 느껴져서 지루해진다. 관객은 스
스로 찾아낸 정보일수록 신뢰하고 흥미를 갖는다. 일부 정보
를 생략해 관객이 상상하도록 만들자. '그는 슬프다'를 그대로
전할 게 아니라 상상하게 하자. 보여주지 않음으로써 관객을
유도해야 한다.

◆ 무엇을 숨기면 좋을까

무엇을 숨겨서 관객이 무엇을 상상하도록 만들까. 판단 기준
은 작품 전체에서 가장 전하고 싶은 것이 무엇인가이다. 영화
전체의 이야기는 무엇인지, 전체 이야기에서 막이나 시퀀스,
장면, 컷 계층에서의 이야기는 각각 어떤 기능을 수행하고 있
는지, 이처럼 전체로부터 파 내려가 하나의 컷에서 해야 할 일
이 보이면, 무엇을 생략해서 관객을 유도하고 상상으로 이끌
지가 보이게 된다.

POINT 관객은 영상과 영상 사이에서 이야기를 찾아낸다. 따라서 같은 영상이어도 연결 방법에 따라 다른 이야기가 태어나고, 중간 영상의 생략으로 관객의 상상과 기대를 불러일으킬 수 있다.

생략으로 이야기의 템포를 개선한다

이야기는 일부를 생략할 수 있다. [Xa→Xb] 중에 생략할 수 있는 순서는 (1) [→](중간경과), (2) [Xa](처음)이다. [Xb](결말)을 생략하면 의문이 남게 된다. 다시 앞 페이지 영상을 토대로 생각해보자.

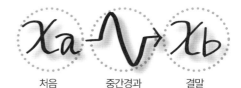

처음   중간경과   결말

• 기본 : ◎ → ① → ②
'바다 그림을 보고서 바다를 보러 가는 이야기'. 이것을 기본 이야기로 한다.

• [→]을 생략 : ◎ → ②
도중에 도시를 가는 ①을 생략해도 '바다 그림을 보고서 바다를 보러 가는 이야기'는 사라지지 않는다. ①에서 기대한 긴장감의 효과는 사라지지만 이야기의 리듬은 빨라진다.

• [→]와 [Xa]를 생략 : ②
결말인 ②의 컷만으로도 '바다를 바라보던 이야기'라는 상태는 남는다. 다만 변화와 긴장감은 사라진다. 이처럼 생략을 효과적으로 사용하면 좋은 템포로 이야기를 전할 수 있다.

영화 전체로 돌아가 연결 방법을 재검토하자

모든 영화에 다 통하는 컷 연결법은 없다. 각 영화마다 좋은 방법이 있을 뿐이다. 따라서 어떻게 연결해야 좋을지 갈피를 못 잡겠다면 영화 전체로까지 돌아가 막→ 에피소드→ 장면→ 컷으로 나눈 후 전체에서 세부로 탑다운하며 재검토하자. 이것이 효과적인 연결 방법을 찾아내는 지름길이다. 그 결과 단순한 생략 방법이 발견되는 경우도 많다. 세부만 보며 기교에 집중해 세세하게 연결하는 것보다 관객에게 효과적으로 통하는 편집이 된다.(TAKE 22 요령 B)

숏과 컷을 알고서 촬영부터 편집을 순조롭게 진행한다

요령 Ⓐ

숏은 촬영 영상

촬영 영상을 숏이라 한다. 장면 전체를 통으로 촬영하는 긴 숏도 있지만 사용하기로 상정한 부분만을 촬영한 짧은 숏도 있다. 짧은 숏은 거의 컷(TAKE 12)과 같은 길이다. 한편 긴 숏은 그중 사용할 부분을 잘라내 컷으로 만들 수도 있다. 다음은 숏의 종류와 역할에 관한 설명이다.

● 멀티카메라 촬영
한 장면을 여러 대의 카메라로 촬영한 숏 영상. 동일한 움직임이어서 타임라인에 나란히 놓고 어디를 잘라 바꿔도 자연스럽게 연결된다. 편집 소프트웨어 중에는 멀티카메라 촬영 영상을 손쉽게 편집하는 기능이 있는 경우도 많다.

● 마스터숏
장면 전체를 설명하기 위해 촬영한 것. 등장인물을 모두 비추는 롱사이즈인 경우가 많은데 굳이 클로즈업이나 망원렌즈로 교묘하게 장면 전체를 촬영하기도 한다.

● 커버리지숏
마스터숏 외에 등장인물 각각의 표정과 동작을 겨냥한 숏. 또는 풍경이나 물건을 찍기도 한다. 마스터숏 등을 보완하는 숏이란 의미다.

● 인서트숏(인서트컷)
특정 부분에 삽입하는 것이 목적인 숏. 예를 들면 편지나 시계 등 특정 소품이나 화면 등이 있다. 주인공으로 보이는 대상을 촬영하는 외형 숏도 많다.

● 설정(establish)숏
상황을 설명해주는 숏. 장면의 상황이나 인물의 위치를 알 수 있다.

● 여분숏(버리는 컷)
편집에서 영상이 부족할 경우를 대비해, 보험처럼 풍경이나 인물이 나오지 않는 소품 등을 여분으로 촬영한 것. 편집에서 사이를 띄우거나, 일부러 표정을 보이지 않기 위해 사용하기도 한다.

Information

◆ 길게 이어 찍는 롱테이크
배우가 장면 전체를 연기하고 그것을 다양한 앵글로 촬영하는 방법을 흔히 롱테이크라고 한다. 배우가 도중에 끊기지 않고 이어서 연기할 수 있으므로 부담이 적고 촬영 시간도 짧은 경우가 많아 자주 사용하는 촬영 방법이다. 먼저 마스터숏을 촬영해 인물의 움직임이나 타이밍을 정하고 그다음에 이와 모순되지 않도록 다양한 앵글로 촬영하는 경우가 많다.

◆ 컷마다 끊어 찍기
롱테이크와 다르게 영화의 완성된 모습을 상정해, 사용할 컷마다 따로 촬영하는 방법도 있다. 애니메이션이나 CG 등도 사용 컷만을 제작하므로 비슷하다. 따로 촬영하는 경우엔 여러 물건의 위치, 인물의 움직임이나 연기가 컷마다 모순되기 쉬우므로 주의가 필요하다. 편집 시 촬영 영상이 한정되기 때문에 모순이 눈에 띄지 않도록 하기가 비교적 어렵다.

POINT 촬영한 동영상을 숏, 여기서 잘라내 편집 소재로 쓰는 조각을 컷*이라 한다. 각 각에는 다양한 종류와 역할이 있다. 이것들을 알고서 정확한 편집을 할 수 있도록 하자.

* 숏과 컷은 비슷한 의미지만, 숏은 촬영 중심, 컷은 편집 중심의 단위이다.

컷을 나열해 편집한다

촬영 동영상 단위인 숏을, 편집으로 잘라 나누어 컷을 만든다. 이 컷을 보여줄 순서대로 나열하는 것이 편집이다. 상황 설명을 위한 것, 표정을 보여주는 것, 표정이 보이지 않는 것 등 여러 컷을 만들어 배열한다.

● 원컷 또는 롱테이크

장면이나 시퀀스 전체를 마스터숏만으로 찍는 수법을 원컷 또는 롱테이크라고 한다. 물론 촬영 시에 원컷이나 롱테이크를 목적으로 촬영한 숏이어도 컷을 나누어 구성할 수 있다.

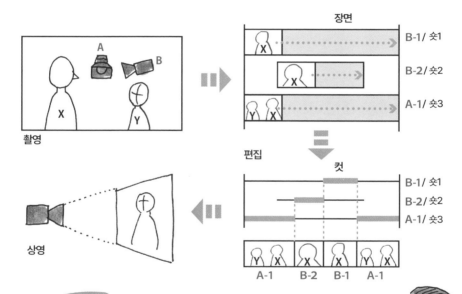

원모어 어드바이스

편집 방침의 차이와 배우의 연기

할리우드의 대작 영화는 촬영 영상이 100시간을 넘는다. 이렇게 거액의 제작비를 들이면 최종 편집권이 감독 외 여러 명이 갖는 체제를 만들 수 있고, 편집도 어떤 맛으로든 변경할 수 있다. 다양한 뉘앙스의 연기를 녹화한 후 어느 것을 사용할지는 편집에서 결정한다는 방침이므로, 다른 테이크의 촬영인데도 똑같은 연기를 하면 NG가 나는 경우도 있다. 반대로 비교적 저예산으로 녹화 분량에 한계가 있는 작품이라면, 테이크마다 연기를 바꿀 경우 연결이 어려워지므로 금기시된다.

TAKE 16 화면 크기와 인서트컷으로 등장인물의 내면을 묘사한다

요령 A

화면 범위가 다른 영상의 호칭

영상은 화면에 비치는 범위에 따라 다르게 부른다. 편집 영상을 지시할 때 필수적이다.

• 롱(Long) : 원경, 멀리서 찍은 화면

멀리서 작게 잡는다. 화면 안에 작은 요소가 많아지는 경향이 있어 관객이 컷의 내용을 인식하려면 긴 시간이 필요하다.

• 업(Up) : 크게 찍기

인물의 일부나 사물을 화면에 크게 잡는다. 더 크게는 클로즈업(CloseUp), 빅클로즈업(BCU) 등이 있다. 촬영한 대상이 적어 내용을 빠르게 인식할 수 있다.

● 인물은 신체 부위를 기반으로 달리 부른다

가슴이나 어깨 위 사이즈를 업(up)이라고 표현하는 경우가 많다. 클로즈업은 얼굴 전체, 빅클로즈업은 눈 등 어느 한 부위를 크게 찍는 경우가 많다.

- 숄더(Shoulder) : 어깨부터 위
- 버스트(Bust) : 가슴부터 위
- 웨이스트(Waist) : 허리부터 위
- 니(Knee) : 무릎에서 위
- 풀(Full) : 인물 전체가 화면에 들어가 있다.

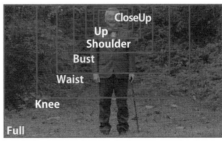

영화 <아하라 마도카의 조용한 분노> 감독/기누가사 류톤

Information

◆ 눈이 중요하다

등장인물을 볼 때 관객이 우선 보는 곳이 얼굴이다. 또한 얼굴 중 가장 잘 보이는 곳이 눈이다. 관객은 인물이 무엇을 보고 있느냐로 내면을 상상하기 때문에 눈의 검은 눈동자 위치, 즉 시선이 어디를 향하고 있는지의 정보가 이야기를 위해 중요하다 (TAKE 11, TAKE 17). 관객이 무의식적으로 시선 정보를 찾고 있음을 전제로, 빅클로즈업으로 강조하거나 또는 반대로 일부러 보여주지 않고 상상하도록 편집해 긴장감을 줄 수도 있다.

◆ 편집으로 장면을 연출한다

시선을 돌리는 A에게 B가 "좋아합니다" 라고 말하는 장면에서, 다음 두 종류의 컷 연결을 상상해보자.
- ① A의 시선이 다른 곳을 향한 컷→ ② B가 말한다
- ① A의 시선이 보이지 않는 컷→ ② B가 말한다→ ③ A의 시선이 다른 곳을 향한 컷
A가 생각하는 바를 관객이 상상하는 타이밍이 다르고, 실마리나 재미가 다르다. 이때의 사이즈나 앵글은 편집의 연출 포인트가 된다.

POINT

영상은 촬영한 범위나 사이즈에 따라 업과 롱, 그리고 인물을 피사체로 하는 웨이스트 등 호칭이 다르다. 인서트컷의 활용은 편집의 연출에서 중요하다.

인서트컷을 활용

인서트컷

중요한 세부사항 등을 보여주기 위해 삽입하는 컷을 인서트(삽입)컷이라고 한다. 등장인물이 바라보는 대상이나 대사와 관련한 정보 등을 삽입한다. 편집을 하면서 이런 정보를 관객 입장에서는 알기 어렵겠다고 느껴지면 검토해보자. 예를 들어 어떤 인물에 대해 설명할 때, 그 인물의 얼굴을 삽입하는 식이다. 또한 컷을 직접 연결하면서 위치 등의 차이로 부자연스럽다면 그 사이에 무난한 인서트컷을 넣어 얼버무릴 수도 있다.

● 짧은 회상을 삽입하는 플래시백
인서트컷으로 자주 이용되는 플래시백. 회상 전체를 일컫기도 하지만 엄밀하게는 짧은 회상의 삽입을 뜻한다.

● 편집 소프트웨어로 길이를 조절한다
편집 소프트웨어의 타임라인에서는, 인서트하는 컷을 위쪽 트랙에 배치하면 위치나 길이 등의 조정이 쉬워진다. 아래 트랙에 있는 컷은 관객에게 가려지는 부분이 나오기 때문에, 거기서 2개로 나누어 간격을 늘리는 등 전체 길이와 타이밍을 조절할 수 있다.

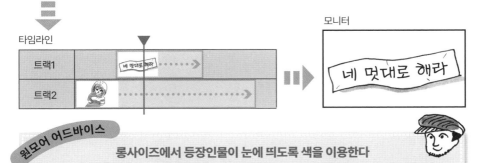

모니터

타임라인

원모어 어드바이스

롱사이즈에서 등장인물이 눈에 띄도록 색을 이용한다

히치콕은 〈이창〉(1954 미국)에서 어느 부인의 행동을 롱사이즈로 보여줘야 했다. 하지만 그대로라면 관객이 그 부인이 있음을 깨닫지 못한다. 이때 그는 녹색 드레스를 입혀, 벽돌로 만들어진 갈색 거리 속에서 작지만 그 부인의 행동을 관객이 알아차릴 수 있게 했다. 당시에는 의상과 조명을 필터로 만들어냈지만, 지금은 후처리의 컬러 그레이딩(CHAPTER3)으로 할 수 있다. 기술은 다르지만 롱에서 색을 활용하는 영화기법은 계승되고 있다.

TAKE (17)

이미지너리 라인을 사용해 등장인물의 관계를 보여준다

요령 Ⓐ
이미지너리 라인을 의식한다

등장인물이 무엇을 보고 있는지 추측할 수 있다면 업 컷을 연결하는 것만으로도 내면을 상상할 수 있다 (TAKE 10). 이때 없어서는 안 될 것이 이미지너리 라인 (Imaginary Line, I.L.)에 대한 고려다.

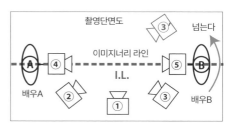

● 180도 법칙

촬영할 때 두 사람이 있는 장면에서 이 두 사람을 통과 하도록 가상의 선을 그어보자. 이것이 이미지너리 라 인이다. 카메라는 이 선을 넘지 않도록, 즉 선의 한쪽 180도 내에서 촬영한다.

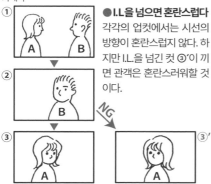

● I.L을 넘으면 혼란스럽다
각각의 업컷에서는 시선의 방향이 혼란스럽지 않다. 하지만 I.L.을 넘긴 컷 ③'이 끼면 관객은 혼란스러워할 것이다.

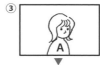

● I.L을 넘어버린 숏이 있다면
바라보는 방향의 혼란을 막기 위해, 카메라가 움직이다가 I.L.을 넘어간 숏이나 정면에서의 숏이 없는지 찾아보자. 정면 숏을 사이에 끼우면 I.L.을 넘어버린 컷을 자연스럽게 연결할 수 있다. 어디에 넣어야 위화감을 누그러뜨릴 수 있을지 고민하자.

● 촬영분이 없을 경우의 대처
I.L.을 넘는 도중이나 정면에서의 숏이 없을 경우엔 영상의 좌우를 반전시키는 방법이 있다. 짧은 컷이라면 눈치채지 못할 수도 있다. 또한 어떤 인서트컷을 사이에 넣어야 위화감을 누그러뜨릴 수 있을지 고민하자.

Information

◆ 30도 법칙

이미지너리 라인의 180도 법칙과 비슷한 이름으로 30도 법칙이 있는데, 목적은 완전히 다르다. 촬영 사이즈를 바꾸지 않는 경우, 피사체에서 볼 때 30도 이상의 각도로 카메라를 움직이면 연결이 자연스러워진다. 반대로 같은 피사체를 같은 사이즈, 같은 각도로 촬영한 숏을 연결하면 시간이 건너뛴 것처럼 느껴진다. 연결 컷은 크게 바꿔주는 편이 자연스럽다.

◆ 만약 부자연스러운 숏이 있다면

최근 카메라가 작아지고 나서부터는 30도 법칙을 예전만큼 의식하지 않는다. 오히려 이런 부자연스러움을 살린 연출도 있지만, 그래도 자연스러운 연결을 원한다면 30도 법칙을 기억해두자. 만약 촬영이 서투른 현장에서 같은 앵글, 같은 사이즈로 찍은 숏을 편집처로 보냈다면, 화면을 확대(크롭)해 사이즈를 Up으로 바꿔서 부자연스러움을 완화할 수 있다.

POINT

등장인물을 연결하는 가상의 선, 이미지너리 라인을 알아두자. 이것이 등장인물의 시선을 관객에게 전달하고 서로의 심정을 느끼게 하면서 이야기를 만들어 간다. 일부러 법칙을 안 따르는 기법도 있다.

요령 B

'무엇을 보고 있는지'를 컨트롤한다

감정은 보고 있는 것이 무엇인지에 따라 달라 보인다. 배경에서 티 나지 않는다면, I.L.을 이용해 무엇을 보고 있는지, 즉 '무엇을 느끼고 있는지'를 컨트롤할 수 있다.

● 시선으로 바뀌는 장면의 의미

등장인물 A와 B가 아래와 같이 대화를 나누고 있다. Up을 연결했을 뿐이지만 다음의 3가지 시선 방향 각각을 비교해주었으면 한다. 관객이 상상하는 감정이 다르고 의미와 정취가 다르다.

A '사랑해' B '…알고 있어'

1 **2** **3**

● 미스리드(mislead)를 꾀한다

일부러 I.L.을 어기는 기법도 생겼다. A와 B가 서로 사랑하는 것처럼 가장하고서, 마지막 상황설명 컷에서 ① 서로 미워해 눈도 맞추지 않는다는 결말로 연결하는 예다.

이 밖에도 ② 같은 뭔가를 보고 있었다는 결말이나, 당연히 ③ 서로를 보고 있다 등도 생각할 수 있다.

● I.L.과 상황설명 컷

시선으로 상상하는 두 사람의 위치 관계는 기본적으로 위의 문장과 일러스트 ①②③으로 표현한 세 종류지만, 시선을 맞추고 있는 것처럼 가장하고서 실은, ④ 멀리 떨어져있는 두 사람은 고독했다라는 결말도 가능하다.

원모어 어드바이스

일본식 무대 용어인 하수와 상수(시모테, 카미테)

촬영장에서는 좌우 대신에 하수, 상수란 말을 쓰는 경우가 많다. 무대 용어로, 객석에서 봤을 때 왼쪽을 하수(下手, 시모테), 오른쪽을 상수(上手, 카미테)라고 한다. 무대 위 배우나 무대 뒤편 스태프 쪽에서 보면 방향이 반대가 되어, 서 있는 위치에서 좌우를 혼동하지 않기 위해 사용한다. 영화에서는 화면의 오른쪽이 상수, 왼쪽이 하수다. 예로부터 흔히 상수에는 강하고 권위 있는 자, 하수에는 약한 자가 있는 경우가 많다. 주인공은 하수에서 나타나고, 신이나 괴물은 상수 쪽에서 나타난다. 토크 프로그램에서는 어느 나라든 사회자는 대부분 상수다.

컷백(리버스숏)을 이용해 현장감을 만든다

컷백의 사용으로 관객을 끌어들인다

2명의 인물이 마주 보거나 대화하고 있을 때 각각의
근접화면을 번갈아 보여주는 편집을 컷백이라고 한
다. 촬영할 때는 한쪽 인물을 찍은 후 카메라를 반대로
돌려 마주한 인물을 찍기 때문에 리버스숏이라고도
부른다.

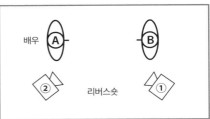

● 각각의 소재로 세계를 만든다
촬영 영상은 A와 B 각각의 인물을 촬영한 2개 이상이
필요하다. 연기 타이밍에 맞춰 어디에서 화면을 전환
할지를 정한다. 여러 대의 카메라를 사용해 같은 테이
크를 녹화한 멀티카메라 영상이라면, 서로의 연기는
정확히 동기화되어 있어 어디에서 전환해도 움직임이
이어진다. 따로 촬영한 경우에는 A와 B의 연기 타이밍
을 조정하면서 편집해야 한다.

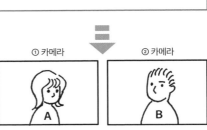

● 액션 장면에서도 사용할 수 있다
전환 타이밍은 리듬이나 긴장감 등을 고려해서 정한
다. 대화뿐 아니라 두 사람에게 어떤 교류나 관계만 있
으면 컷백은 성립한다. 치고받으며 싸우는 액션 장면
에서도 사용할 수 있다.

Information

◆ 컷백이냐 원컷이냐

두 사람의 교류를 잘게 쪼개서 연결할지, 컷을 자르지 않고 긴
마스터 숏으로 보여줄지. 편집자는 장면을 어떻게 보여줄지
를 결정해야 한다. 쪼개는 방식이 리액션을 잘 보여주지만 인
공적으로 보이기 쉽다. 어느 것이 이 영화에 어울릴까. 디지털
편집이라면 편집 결과를 저장하고 다른 버전의 편집을 한 후
시간이 지나 냉정해진 다음 동료와 함께 비교하며 정할 수 있
다. 시간만 허락한다면 마음에 들 때까지 고칠 수 있다.

◆ 이야기의 시선으로 재검토한다

처음에 마스터숏을 사용해 전체 인원을 보여주고, 뭔가를 계
기로 몇 명은 컷백으로 이행, 이윽고 그 장면의 클라이맥스에
서 주인공만의 클로즈업으로 바뀌며 주인공의 등장으로 끝난
다, 같은 전개도 가능하다. 몰두해서 만들더라도 중요한 점은
이것이 이 영화의 이야기에 도움이 되는지 여부다. 편집 직후
에 남는 의문은 시간을 두고 재검토한다. 편집은 세계를 만드
는 작업이다. 이 중압감을 견디며 좋은 작품을 만들어보자.

POINT 컷백은 두 등장인물의 주고받는 상황과 표정을 보여주면서 연결하는 방법이다. 대화뿐 아니라 액션 장면에도 사용할 수 있고, 기본을 응용하면 여러 명을 다룰 수도 있다.

● 타임라인에서의 편집

컷백 편집은 편집 소프트웨어의 타임라인에 영상을 배열해 처리한다. 멀티카메라로 녹화한 영상이라면, 소리 등을 기반으로 타이밍을 맞춰 동기화시킨다. 전환 타이밍에 자른 영상을 넣고, 필요 없는 부분은 오프(off)로 한다. 편집 소프트웨어에 따라서는 같은 기능을 멀티카메라 편집에서 사용하기 쉬운 것도 있다.

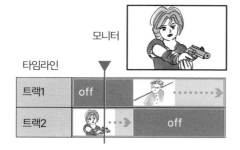

● 개별 테이크라면 연구가 필요하다

개별 테이크인 경우, 영상을 나열해도 연기 타이밍이 어긋나는 것은 어쩔 수가 없다. 오프(off)한 부분에서 조정해, 온(on)한 부분이 부자연스럽지 않도록 한다. 이때도 대사 등이 있으면 타이밍의 기준이 된다.

요령 ❸

어깨걸기(오버숄더숏)를 할지 여부

컷백을 촬영할 경우, 화면 가장자리에 앞쪽 인물의 어깨나 뒤통수, 팔 등을 넣기도 한다. 이른바 '걸어 찍기' '○○걸기'로 불리는 기법이다. 현장감이나 연결감이 느껴지는 분위기가 된다.

● 현장감인가 인물인가

컷백을 찍을 때, 두 명 모두 상대방과의 오버숄더숏을 사용할지, 아니면 모두 사용하지 않을지, 그것도 아니면 한쪽에만 사용할지를 정해야 한다. 상대방을 걸어 찍는 편이 현장감은 있지만 인물을 부각시키고 싶다면 단독이 좋다. 예를 들어 주인공의 클라이맥스 장면에서는 단독 숏을 사용하는 경우가 많다.

● 연결에 주의한다

단독 영상에는 상대역의 연기가 찍히지 않으므로 어디와도 연결할 수 있다. 그러나 상대역을 걸어 찍은 숏은 전환하려는 타이밍에서 움직임이 연결되지 않는 경우도 있다. 꼭 연결하고 싶다면 화질은 떨어지지만 영상을 확대(크롭)해서, 걸어 찍은 인물을 화면 밖으로 몰아내는 방법을 사용하는 수밖에 없다.

원모어 어드바이스

컷백의 응용

컷백은 긴 원컷의 마스터숏과 병용할 수 있다. 마스터숏에서 점점 컷백으로 이행하거나 아니면 되돌릴 수도 있다. 예를 들면 군중에서 시작해 그 속의 두 사람이 치고받는 것을 관객에게만 보여주거나, 반대로 두 사람의 치고받기로부터 화면을 끌어당겨 가득 찬 군중에 묻히게 할 수도 있다. 또한 두 사람의 치고받기에 국한하지 않고 세 사람 이상에서도 이용할 수 있다. 응용 범위가 넓은 기본기 중 하나이다.

연결 방법을 연구해서 움직임이 있는 컷을 만들자

동작의 연결이 인상을 결정한다

움직이는 동작의 단계 중 어디에 연결하느냐로 분위기가 바뀐다. 손을 올리는 컷을 연결할 때를 생각해보자.

① 움직이고 난 후의 멈춘 부분에서 연결한다
움직임이 끝나고 동작이 멈춘 부분에서 연결한다. 나중에 손을 올린 모습에 무게가 실린다.

② 움직이는 도중에 연결한다
흐름이 매끄러워 컷의 연결이 느껴지지 않는다. 동작(액션) 도중에 연결하므로 액션컷, 액션연결이라 부른다. 매끄러운 만큼 강약은 없다.

③ 움직임의 일부를 건너뛰어 연결한다
컷의 변화가 눈에 띄어 위화감이 생기는 만큼 강약이 느껴진다.

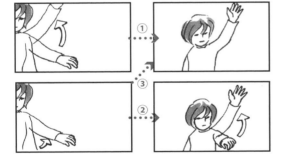

● 움직임 연결 방법의 포인트
같은 장면을 촬영한 2개의 숏이 있다. 앉은 사람이 일어나 걸어간다.

· 컷1 (Long)

· 컷2 (Up)

● 어디에 연결할지에 대한 고민이 필요
연결 컷은 움직임 중 같은 자세인 부분을 사용하면 컷의 연결이 느껴지지 않을 정도로 매끄럽게 보인다. 하지만 움직임의 인상이 희매지므로 반복하면 지루해지기도 한다. 움직임의 시작, 중간, 끝 중 어디에 연결할지에 따라서도 인상이 바뀐다.

Information

◆ 컷의 처음과 끝은 인상에 남는다

컷의 처음과 끝은 쉽게 인상에 남는다. 즉 인상에 남기고 싶은 부분으로 컷을 시작하거나 끝낼 수 있음을 기억하자. 필요한 화면 뒤로도 움직임이 있다고 길게 이어버리면 질질 끌려며 인상에 남지 않는다. 과감하게 잘라보자. 그 부분 전체가 깔끔해질 것이다. 또한 장면이나 시퀀스, 영화 전체에서 최초 컷의 앞부분이나 최후 컷의 끝부분은 인상을 결정하기 때문에 더욱 중요하다.

◆ 날림과 중복이 액션 장면 편집의 핵심

몇 컷의 날림과 중복을 배우려면 자신이 좋아하는 영화의 격투 장면을 소리를 끄고서 슬로우 재생으로 보자. 가장 좋은 방법은 사용하는 편집 소프트웨어에 동영상을 집어넣어 분석해 보는 것이다. 그러면 일반적인 재생에서는 알아차리지 못했던 날림이나 중복이 있음을 알게 될 것이다. 그리고 이들의 조합으로 액션연결을 잘 활용해 강약과 매끄러움을 양립시키고 있음을 이해하게 된다.

편집에서는 동작이나 움직임 도중에 연결하는 경우도 많다. 이때 연출 효과를 높이기 위해선 몇 가지 중요한 포인트가 있다. 액션연결, 날림, 중복이란 기법이다.

A

• 컷1
일어서는 중

• 컷2
일어서서 앞으로 걸어온다

B

• 컷1
일어서는 중

• 컷2
앞으로 걸어온다

● 액션연결로 매끄럽게

A처럼 움직이는 도중에 연결하는 것이 앞서 말한 액션연결이다. 이때는 컷의 변화를 알아차리지 못한다. 비슷한 단어지만 액션신(격투 장면)과는 관계가 없다.

요령 B
날림, 중복으로 두드러지는 움직임

움직임의 연결에는 날림이나 중복이란 기법을 이용한 연출도 가능하다. 어느 쪽이든 몇 컷의 극히 짧은 경우라면 위화감이 적고 움직임을 두드러지게 한다.

● 날림으로 인상이 강해진다

B처럼 연결 후의 동작을, 이전 동작에서 몇 컷 날려 연결하는 기법. 예를 들면 일어나 걸으려는 컷에, 걷기 시작한 후의 컷을 연결한다. 이 부분만 보면 부자연스러울 수도 있지만 장면 전체에 소리를 붙여보면, 한데 어우러져 오히려 움직임의 인상이 강해진다.

● 중복으로 두드러진다

날림과는 반대로 연결 전과 후의 컷에서, 걸어가려는 움직임을 중복시키거나 일어서는 동작을 중복시키는 기법. 동작이 강조되는 만큼 중복은 날림보다 더 두드러진다. 다만 중복이 긴 경우, 의도를 명확히 하지 않으면 관객에게 위화감만 주게 된다.

원모어 어드바이스

긴 중복과 슬로우모션

〈굿바이 에마뉘엘 부인〉(1977 프랑스)의 라스트컷은 돌아서서 떠나는 주인공의 긴 동작을 중복해서 4번 반복한다. 긴 시리즈의 마지막 인사로서 강한 인상을 준다. 또한 평범한 컷 중 한 곳에 슬로우모션 컷을 넣는 기법을 조합하고 있다. 이것은 트뤼포 감독 〈개구쟁이들〉(1958 프랑스)의 자전거 안장 또는 구로사와 아키라 감독 〈7인의 사무라이〉(1954 일본)의 농성 중이던 도적의 죽음 등에도 사용한 기법으로 중복과 같이 위화감을 주며 강한 인상을 남긴다.

프레임인과 프레임아웃으로 이야기의 템포를 만들자

영화는 프레임으로 생각한다

영화는 사각으로 구분된 프레임으로 이루어져 있다. 프레임의 바깥쪽은 보이지 않는다. 이 특징을 이용하여 컷의 연결 위치를 생각하자.

● 프레임인과 프레임아웃

프레임인: 인물이 프레임 밖에서 들어온다 ▼

▲ 프레임아웃: 인물이 프레임 밖으로 나간다

● 조합을 생각한다

[빈 무대→ 인물이 프레임인→ 화면 안에서 연기 → 그대로 프레임아웃→ 마지막은 빈 무대] 이런 촬영 장면이 있다고 하자. 어느 부분을 사용하느냐에 따라 다양한 컷이 만들어진다. 시작은 빈 무대부터일지, 인물의 프레임인부터일지, 화면에 등장한 이후일지. 마지막은 인물이 화면 안에 있을 때일지, 프레임아웃일지, 이후의 빈 무대일지. 최적의 조합을 만든다.

● 템포를 고려해 대담하게 만든다

편집 초보자라면 시작은 프레임인, 마지막은 프레임아웃으로 하기 쉽다. 하지만 목적도 없이 전부 이렇게 하다가는 의도치 않은 템포가 되고 만다. 대담하게 길게 하거나 짧게 하는 방법에 익숙해지자.

• 빈 무대: 배경뿐이고 인물이 없다

• 개막 전 인물 등장: 처음부터 인물이 들어와 있다

Information

◆ **동작 처리를 고민해 템포를 좋게 한다**

동작이 보이지 않으면 템포가 좋아지는 경우가 많다. 초보자는 동작을 많이 넣고 싶어 하지만 오히려 동작을 짧게 잘라내자. 그러면 필요한 정보만 남아 이야기가 더욱 선명하게 전달된다. 인간은 필요한 정보로만 줄여서 정리된 것을 좋아하고 아름답다고 느낀다. 이것을 이용해서, 이야기를 위해 필요한 요소로만 정리하고 불필요한 정보는 삭제한다.

◆ **잘라낼 수 있는 동작은 무엇인가**

그렇다면 동작의 어디를 자를 수 있을까. 그 순서는 이야기와 마찬가지로, 중간→처음→마지막의 순으로 생략할 수 있다 (TAKE 14). 손을 올리는 동작의 경우, 마지막에 손을 올린 후까지 영상이 있다면 올리기 전과 중간은 삭제가 가능하다. 마지막만 알면 무슨 일이 일어났는지는 이해할 수 있다. 무엇을 전하고 싶은지를 고려해 불필요한 동작은 과감히 잘라내자.

POINT 영화는 프레임으로 둘러싸여 있다. 프레임 안에서 인물이 어떻게 존재하는지, 프레임인과 프레임아웃을 의식하자. 그러면 컷이 어디서 시작해 어떻게 끝나는지가 보인다.

요령 B

프레임을 의식한 동작의 연결

●**연결 방법과 효과**

화면 앞쪽으로 인물이 걸어오는 숏A와 그 인물이 프레임인 해서 건물 문으로 들어가는 숏B, 이렇게 두 가지 영상이 있다.

• A→ B1: 문으로 들어가는 지점에서 연결. 인물의 움직임을 좋은 템포로 보여줄 수 있어 매끄럽게 이어진다.

A   →B 1

▼추가

• A→ B2+B1: 인물이 프레임인하여 문 안으로. 인물의 움직임을 전부 보여줘 버리는 패턴. 템포가 나빠지기 쉽다. 문에 다가가는 심리를 상상하게 하려는 등 의도가 있다면 괜찮지만, 무의식적으로 단지 연결을 위한 것이라면 피하는 편이 낫다.

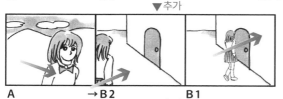

A   →B 2   B 1

▼추가   ▼추가

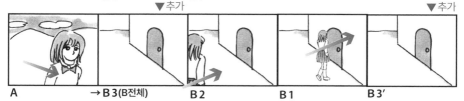

A   →B 3(B전체)   B 2   B 1   B 3'

A→ B3+B2+B1+B3': 빈 무대를 길게 보여준다. 인물이 문으로 들어가기 전과 후에 빈 무대를 길게 보여주면 소위 말하는 긴장감이 생긴다. 연출에 따라서는 빈 무대로 관객에게 뭔가를 상상하게 만드는 경우가 많다. 예를 들면, 컷 최초의 빈 무대에서 불길한 음악이나 인물의 발소리가 들려오고, 컷 마지막에는 문에 들어간 후 안쪽에서 누군가 쓰러지는 소리가 들리게 할 수 있다. 여기까지의 이야기로 불안이나 예감을 암시하기도 한다.

원모어 어드바이스

프레임 밖을 활용한 연출

카우리스마키 감독이 〈어둠은 걷히고〉(1996 핀란드) 시작 부분에 프레임을 활용해 이야기를 상상하도록 만드는 연출이 있다. 맨 처음 컷은 레스토랑 주방에서 칼을 든 셰프가 술병으로 병나발을 부는 모습이다. 다음 컷은 컷백으로, 이를 바라보는 경비원과 여자 지배인이 나오고 여기서부터가 시작이다. 경비원이 셰프가 있는 방향으로 프레임아웃→ 잠시 후 손을 잡고 뒷걸음쳐 프레임인으로 돌아온다→ 지배인이 성큼성큼 프레임아웃→ 우당탕탕 소리 → 고분고분해진 셰프와 칼을 쥔 지배인이 프레임인.

연결법을 바꾸면
이야기도 바뀐다

편집이 만드는 이야기

같은 영상이어도 어디를 어떻게 자르고 연결하느냐에 따라 다른 이야기를 만들 수 있다. 아래에 사례를 담았으니, 잘 살펴보길 바란다.

● 손을 잡는 이야기
[소재 영상] 숏A (손을 클로즈업)

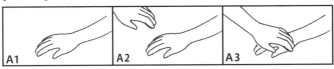

A1 손이 놓여 있다   A2 다른 손이 프레임인   A3 손이 포개진다

[소재 영상] 숏B (클로즈업)   숏C (클로즈업)

B1 얼굴을 든다   B2 바라본다   C1 얼굴을 든다   C2 바라본다

[편집 변형 A] A1~3: 손을 잡는다→ B2: 바라본다→ C2: 바라본다

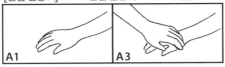   

A1   A3   B2   C2

[편집 변형 B] A1→A2: 다른 손이 프레임인, 중간을 잘라서 손이 어떻게 되었는지는 아직 보이지 않는다. C1→C2: 손을 눈치채고 얼굴을 들어 상대를 본다 B2: 끊고서 A3: 긴장감을 주는 손으로 결말짓는다.

A1   A2   C1   C2   B2   A3

Information

◆ 컷의 일치

컷이 바뀔 때, 같은 장면(연속된 시간, 장소)에서는 여러 가지를 일치시켜야 한다. 예를 들면, 여름 가로수길이 다음 컷에서 가을 단풍이 되어 있다면 관객은 혼란스러워 할 것이다. 낮 또는 해질녘 등의 설명이나 인물, 주차 위치, 담배의 길이, 음식의 양 등 모순되는 것이 없도록 편집한다.

◆ 인물의 일치

인물도 모순 없이 일치시키자. 숏마다 다르더라도 편집 후에는 인물의 위치, 움직임, 시선, 연기, 외모 등에 모순이 없어야 한다. 어디에 무엇을 연결하느냐이다. 모순에 대한 대책으로는, ① 사용 부분을 바꾼다 ② 날림이나 중복을 사용한다 ③ 인서트컷을 넣는다 ④ 불일치를 역으로 이용한다 등이 있다.

POINT 같은 숏이어도 어디를 잘라 어디부터 어디에 연결하느냐에 따라 다른 이야기가 된다. 명작으로 평가받는 작품을 분석해서 노하우를 배우고, 이야기 편집 방법을 몸에 익히자.

● 걸어오는 두 사람이 또 한 사람을 만나는 이야기

[소재 영상] 숏A (a의 버스트숏)

a가 걷다가 오른쪽에서 기척을 느낀다   바로 왼쪽을 본다   이쪽을 보고서   손을 들어 인사

[소재 영상] 숏B (걸어오는 b)   숏C (c의 웨이스트숏, a 무시)

b가 걸어온다   손을 들어 인사   c가 비스듬히 a의 뒤를 걷고 있다

[편집 변형 A] C1: a와 c가 걸어온다→ B1~2: b가 걸어와 인사→ A4: a가 손을 들어 인사

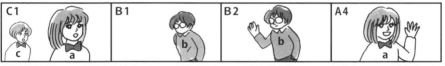

[편집 변형 B] A1: a가 걷다가 본다→ B1: b가 걸어온다→A2: 뒤돌아본다→ B2: b가 인사→ C1: a 뒤에서 c가 보고 있다

▲ c의 존재를 숨겨서 a의 시선으로 궁금증을 유발하며 긴장감을 준다.

다양한 장면을 분석해보자

마음에 드는 영화를 만난다면 편집 소프트웨어로 DVD나 동영상 파일을 보면서 분석해보자. 소프트웨어에 따라서는 자동으로 매 컷을 나눠주는 기능이 붙어있기도 하다. 한 컷 한 컷 확인하면서 편집의도를 찾아보자. 나도 초창기에 〈죠스〉(1975 미국)와 〈스타워즈 EP4〉(1977 미국) 등을 DVD로 보며 분석했던 경험이 엄청난 공부가 되었다. 두 작품 모두 편집자가 천재적이다. 화제가 될 만한 고전작품임에 틀림없다.

리액션의 연결 방법이 관객의 인상을 좌우한다

액션과 리액션으로 말한다

영화는 액션(행동)과 리액션(반응)으로 이야기를 만들어간다. 관객의 인상에 남는 것은 등장인물의 행동이지만, 그 인상은 행동 자체보다는 행동에 대한 반응에 따라 좌우된다.

● 보케와 쓰코미

일본 만담에서 이야기를 진행하며 딴지 거는 사람을 쓰코미, 우스꽝스러운 역할의 사람을 보케라고 한다. 일본 만담의 보케와 쓰코미를 생각하면 쉽게 이해된다. 쓰코미(반응)가 있을 때 비로소 보케(행동)가 돋보인다. 영화에서도 대사, 행동, 시선 등 무엇을 보여주고 보여주지 않을지에 따라 달라진다.

소리/A: 당신을 좋아합니다

● 행동과 반응, 어떻게 연결하느냐로 달라지는 인상

여기서는 알기 쉽도록 두 사람의 컷백 편집을 사용해 설명한다. 물론 대화뿐만 아니라 무언가 봤을 때의 리액션이나 자신의 언동에 대한 리액션도 이런 방식으로 응용할 수 있다.

↓A 말하는 액션　　　　　　↓B 빙긋이 웃으며 듣는 리액션

・① 초조함이 없다

↓A 말하다　　　　↓A 어쩌지 하면서 걱정　　　↓B 빙긋이 웃으며 듣는다

・② A가 초조

↓A 말하다　　↓B가 놀라다　　　　↓B 빙긋

・③ B가 초조

Information

◆ 편집에서 연기를 보는 방법

편집할 때는 각각의 테이크에서 배우의 연기를 보면서 진행한다. 대화 장면을 배우의 대사만으로 이어가면 무미건조한 편집이 된다. 영화 장면을 분석해보면 잘 알겠지만, 배우의 내면은 상대방의 대사를 보고 들을 때 움직인다. 대사 자체의 의미도 배우의 액션이나 리액션으로 심오해진다. 잘된 작업일수록 대사 속에 다양한 의미나 감정이 겹치기도 하고 본심이 아니기도 하다.

◆ 편집은 협동 작업의 마지막 핵심

각 캐릭터의 액션이나 리액션을, 각본이나 연출 등 각 파트의 작업을 토대로 파악해 배역을 해석할 수 있다면, 그 배역의 매력을 편집으로 끌어낼 수 있게 된다. 배우의 작은 움직임 때문에 연결 방법이 제한되어 짜증이 날 수도 있다. 하지만 반대로 이것이 캐릭터의 매력 중 하나가 될 수도 있다. 편견을 버리자. 기획, 각본, 연출, 촬영, 배우 모두가 함께 만들어온 이야기에서 편집은 중요한 마무리 단계이다.

POINT 영화는 캐릭터의 액션과 리액션으로 구성된다. 관객의 인상에 남는 것은 액션이지만 인상을 좌우하는 것은 리액션이다. 어떻게 연결해야 좋을지 갈피를 못 잡고 있다면 전체부터 재검토하자.

전체에서 세부로 이야기를 전개한다

편집할 때, 어느 영상을 살려서 연결하느냐의 결정은 '지금 여기'에서 무엇을 이야기하고 싶은가에 달려 있다. 또한 '지금 여기'에서 무엇을 이야기하고 싶은가는 전체 이야기의 내용에 달려 있다.

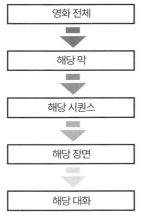

영화 전체

해당 막

해당 시퀀스

해당 장면

해당 대화

이처럼 전체로부터 탑다운으로 생각하면 '지금 여기'에서 필요한 이야기가 떠오른다

● '지금 여기'를 생각하는 요령
• 이야기 [Xa→Xb]
여기서 주인공은 누구인가?
처음과 마지막은 무엇인가? (어떤 변화가 있는가?)
이 변화의 우여곡절은?
• 캐릭터
인물 각각의 목적과 소망은 무엇인가?
이것을 무엇이 방해하고 있는가?
어떻게 싸우고 있는가?
이것은 성공인가 실패인가?
• 미스터리와 초조감
문제를 관객이 알아채고는 다음을 보고 싶어할까?
해결을 바라는 마음이 불안해지며(클리프 행어*) 긴장하게 되는가?

● 전체부터 재검토한다
하나의 대사를 사이에 둔 두 사람의 대화를 어떻게 연결할까. 앞서 제시한 예에서도, 영화 전체 이야기로부터 '지금 여기'에 필요한 것을 끄집어내 결정해야 한다. 그래야 관객이 처음부터 보다가 마침내 이 부분에 이르렀을 때 효과적인 편집을 할 수 있고, 영화가 끝난 후에는 이 부분이 무의식적으로라도 감동을 만들어내는 기능을 완수한다. 이것은 모든 편집에서 마찬가지다. 연결 방법이 고민스럽다면 전체부터 재검토하자.

액션과 리액션 연기

연기를 잘하는 배우는 리액션을 할 때도 감정이 이어지며 모순 없는 연기를 한다. 일찍이 구로사와 아키라 감독은 대화 장면을 촬영한 후 현장에서 바로 돌려볼 때, 상대역이 듣고 있는 얼굴만 모아 보고서는 '대화 연기가 제대로 안 됐다'고 배우진을 질책했던 일화가 있다. 배우 중에는 편집 때 무슨 일이 일어나는지 모르는 사람도 많고, 리액션은 편집 때에야 비로소 알아차리는 경우가 많다. 기회가 될 때마다 편집에서 느낀 점을 팀원들과 공유하기 바란다.

---

* 클리프 행어(cliff-hanger): 극의 절정 단계로, 관객의 긴장감, 기대감을 극도로 고조시키는 순간이나 사건.

TAKE 23

응용 범위가 넓은 테크닉, 대사 앞당기기와 뒤로 밀기

요령 A
화면과 소리는 어긋날 수 있다

화면과 소리가 있는 장면에서는 컷하는 타이밍을 각각 달리할 수 있다.
① 소리 앞 당기기: 앞 화면에서 소리가 먼저 들리고서 다음 화면이 된다.
② 소리 뒤로 밀기: 화면이 먼저 바뀌지만 소리는 그대로 잠시 남는다.
③ 화면과 다른 소리를 넣는다(대사의 경우 오프신(off-scene)이라고도 한다)

● 응용 범위는 넓다
화면과 소리의 어긋남은 중요한 편집기술이다. 대화 장면에서 대사의 어긋남뿐 아니라 장면 전환시(TAKE 27) 뒤의 장면으로까지 소리를 남기거나, 배경음으로 장소를 느끼게 하는(TAKE 25) 등 다양하게 응용할 수 있다.

● 단조로움을 방지한다
편집 실력이 부족할 때는 대화 장면을 말하고 있는 얼굴로만 연결해 단조로워지기 쉽다. 대사를 화면 전후로 어긋나게 넣거나 화면 밖에서 들리게 하는 등의 변화를 주며, 인물들의 액션, 리액션을 의식한 편집을 하자(TAKE 22).

요령 B
대사의 소리 앞당기기, 소리 뒤로 밀기

말하는 얼굴에는 그다지 정보가 없다. 긴 대사는 귀담아듣지 않아 내용이 이해되지 않는다. 반면 소리 앞당기기, 소리 뒤로 밀기를 사용하면 듣는 측의 반응으로 내용을 알 수 있다. 게다가 관객은 그 반응을 자신의 반응으로 착각해 지루하지 않다고 느낀다(TAKE 11).

● 수수께끼 내기, 수수께끼 풀이
일부러 말하는 인물을 보이지 않게 하고 나중에 상황을 폭로함으로써 진짜 의미를 알게 하는, 수수께끼 내기, 수수께끼 풀이도 가능하다(TAKE 08).

[예1]
① 인물A의 컷에 B의 대사 "꺄아~! …도와줘"가 먼저 나온다
② B, 개가 장난치며 들러붙어 곤혹스럽다
B "…도와줘, 간지러워! 하하하"

[예2]
① A가 야단치기 시작하고, 이 대사는 다음 컷에까지 들린다
② 야단맞는 B. 관객에게는 보이지 않는 A의 표정을 보고 있다.
③ 말을 끝낸 A. 울고 있다.

Information

◆ 서툰 연기를 속이는 법
한정된 이야기, 특별출연 등의 요인으로 연기를 못하는 사람이 중요한 역할이나 해설 대사를 연기하는 경우가 있다. 어떻게든 편집으로 설득력을 갖춰야만 한다. 이런 경우에도 소리 앞당기기와 뒤로 밀기 또는 별도의 화면을 사용해 속일 수가 있다. 대부분을 리액션 영상으로 연결해도 관객은 별로 눈치채지 못하고, 그 인물이 풍부한 감정으로 이야기했던 것 같은 인상을 받는다.

◆ 리액션이 액션을 보완한다
구체적으로는, 특별출연 배우가 말을 꺼낼 때나 끝낼 때만 짧게 보여주고 그사이는 리액션 쪽 배우의 연기 영상을 연결한다. 설령 미흡한 표정으로 책 읽듯이 대사한다 해도 연기가 훌륭한 배우의 리액션 영상으로 바꿔 보여주면, 책 읽는 듯한 대사라도 의미가 풍부하게 느껴진다. 시작이나 끝만 특별출연 배우라면 관객에게 남는 인상은 리액션 쪽이다. 기억해서 손해 볼 것 없는 기술이다.

POINT 영화는 영상과 소리로 만들어진다. 그리고 이 두 가지는 컷하는 타이밍을 어긋하게 할 수 있다. 소리 앞당기기와 뒤로 밀기는 관객에게 보내는 정보를 조작할 수 있어 응용 범위가 넓은 중요한 기술이다.

● **자연스럽게 이어지는 소리의 어긋남**

화면① 동시: 소리와 화면을 동시에 전환한다.

화면② 소리 앞당기기: 소리를 화면보다 먼저 전환한다.

소리/	A: 안녕, 좋은 날씨야	B: 안녕, 하지만 비가 온대

화면③ 소리 뒤로 밀기: 소리를 화면보다 나중에 전환한다.

④자유롭게: 소리와 화면의 전환점은 자유롭게 할 수 있다.

원모어 어드바이스

인물에게 리얼리티를 갖게 하려면

등장인물에 어떤 요소가 있어야 현실감 있는 인간으로 보일까? 인물은 ① 어떤 순간에도 목적이나 소망, 하고 싶은 일이 있다. ② 이것을 방해하는 게 있으면 드라마틱해진다. ③ 이를 위해 싸우거나 노력하거나 분발하면 이 인물에게 호감을 느낀다. 이 3가지가 느껴지면, 어떤 인물이든 설령 배역이 작더라도 내면을 지닌 인물로 느껴진다. 편집에서도 등장인물을 만들 때의 기준이 된다.

객관뿐 아니라 주관의 소리도, 효과음의 준비와 사용

요령A

효과음을 준비하자

연출효과를 높이는 효과음(S.E./Sound Effect)에는 촬영하며 동시녹음한 소리 외에 편집하며 첨가한 소리가 있다.

와글와글   윙—   쉬익—

• **배경음:** 공장 잡음 등 그 장면의 환경에서 나는 소리. 동시녹음한 배경음의 음량이 컷마다 제각각인 경우, 동시녹음 밑으로 별도의 배경음을 깔면 부드러워진다.

• **일반 효과음:** 영상에 맞춰 그때그때 나는 소리로, 후작업으로 편집할 때 덧붙여진다. 철판을 넘어뜨리는 소리 등 바로 소리가 나는 타이밍에 들린다.

타임라인 ↓

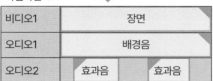

비디오1	장면		
오디오1	배경음		
오디오2	효과음		효과음

● 효과음 입수법

① 인터넷이나 CD에서 얻는다

기성품을 사용한다. 유료, 무료가 있다. 유료라 해도 사용조건에 따라서는 사용할 수 없는 것도 있으므로 주의하기 바란다(TAKE 26).

② 로케 때 녹음한 소재로 만든다

녹음팀이 촬영지에서 배경음 등을 녹음해두면 요긴하지만, 촬영 영상 중 대사가 없는 부분을 사용할 수도 있다.

③ 새로 녹음한다

발소리나 문 여닫는 소리 등 동작에 맞춘 폴리*나 군중의 웅성거림 등을 녹음한다. 때리는 소리는 접은 방석을 마이크 가까이 때려서도 만들 수 있다. 편집 소프트웨어에 내장된 기능으로 피치(음의 높이)나 길이를 바꾸거나, 리버브나 이퀄라이저 등의 이펙터(effector)를 사용해 장면에 어울리도록 할 수 있다(TAKE 44).

* 폴리(foley): 효과음 녹음.

● 자연스러운 루프를 만든다

배경음과 같이 계속 이어지는 소리는, 처음과 끝이 끊이지 않고 이어지는 음원(루프음원)이 편리하다. 숏의 무음 부분 등을 사용해 만들기도 한다.

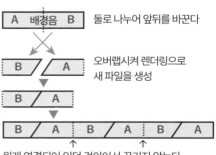

A	배경음	B

둘로 나누어 앞뒤를 바꾼다

오버랩시켜 렌더링으로 새 파일을 생성

| B / A | B / A | B / A |

원래 연결되어 있던 것이어서 끊기지 않는다

효과음은 영화 속에서 중요한 정보다. 명확히 들리는 객관적 소리뿐 아니라 심리를 나타내는 주관적 소리도 있다. 효과음과 배경음으로 무엇을 할 수 있는지 알아두자.

요령 B

효과음으로 연출한다

효과음에는 사건에 맞춰 정말로 들릴 법한 객관의 소리와, 실제로는 들리지 않지만 등장인물의 심리를 반영한 주관의 소리가 있다.

● 객관적 효과음은 선택이 필요하다

실제로 들리는 소리라 해도 어디까지 넣을지에 대한 판단이 필요하다. 예를 들면 옷 스치는 소리까지 넣어 짙은 존재감을 만들지, 중요한 무기를 쥐는 소리만으로 인상에 남길지. 이야기하고 싶은 내용에 맞춘 선택이 필요하다.

• 객관적 소리   ↓무음인 경우

• 주관적 소리   ↓무음인 경우

● 주관적 효과음도 사용하기 나름이다

액션이나 사고 장면에서는, 눈에 띄지 않는 순간을 봤다는 착각을 만들기 위해 효과음을 이용한다. <스타워즈>(1977 미국)에서는, 우주공간에서의 엔진음이나 빔 발사음이 현장감을 높이지만 실제 진공에서는 소리가 전달되지 않는다. 한편 <2001년 스페이스 오디세이>(1968 미국)에서는, 실제 들리는 우주복 안의 호흡소리만 남기고 그 외의 배경음은 생략했다. 이처럼 허구의 소리도 영화에 맞으면 사용할 수 있다.

● 긴장감을 야기하는 효과음

효과음에 따른 인상만으로 불안을 느끼게도 한다. 이것은 대부분 BGM과 비슷한 기능을 갖는다. 영화는 변화와 이를 억누르는 긴장감으로 이루어져 있기(TAKE 07,08) 때문에 소리로 예감이 들게 하면 관객의 기대가 높아진다. 또한 코미디에서는 익살을 알아차리도록 징글*이란 효과음을 넣기도 한다.

* 징글(jingle,): 광고나 프로그램 교체 등에 인상적으로 삽입되는 짧은 음악이나 효과음.

심리적인 효과음을 사용한 사례

타르코프스키 감독의 <노스탤지어>(1983 소련)에서는, 옛 도시를 방황하는 꿈의 장면에서 공사 현장의 전동공구 같은 소리가 효과적으로 사용되었다. 스필버그 감독의 <미지와의 조우>(1977 미국)에서는, 밤의 건널목에서 들려오던 풀벌레 울음소리가 쓰윽 사라지고 무음이 되면서 무슨 일이 일어날 예감을 불러일으키며 관객을 긴장시킨다. 프리드킨 감독의 <엑소시스트>(1973 미국)의 시작 부분에서는 거리의 소음과 시계 소리, 개 짖는 소리 등 한정된 효과음의 사용으로 불안한 분위기를 만들어냈다.

②⑤ 배경음을 사용해 장면의 상황을 설명한다

요령Ⓐ

상황을 나타내는 배경음

설정숏(상황설명 숏)은 장면의 상황(장소와 시간)을 보여주는 데 사용하지만 소리를 사용해서도 전달할 수 있다.

● 같은 화면이라도 소리 차이로 돌변한다

예를 들어 한밤중 어느 방. 배경음으로 큰길의 자동차나 구급차 소리가 들린다면 번화가의 시끄러운 장소에 있다는 인상을 받는다. 반면 동일한 화면이어도 바람에 나뭇잎이 흔들리는 소리나 올빼미 울음소리 등이 들린다면 산속에 있는 건물이라는 인상을 받는다. 기적소리나 전차의 통과 음, 제트기나 파도 소리 등으로도 상황을 나타낼 수 있다.

부엉부엉
바스락바스락…

붕…
삐뽀삐뽀

철컹
철컹…

싸-싸-….
꽈오꽈오

Information

◆ 음악에서의 응용

배경음을 응용해서 음악으로 의미를 연결할 수도 있다. 예를 들면 캐릭터마다 테마음을 정해 등장하는 장면에 사용하면, 그 테마가 흐르기만 해도 화면에 등장하기 전부터 그 캐릭터가 나오리란 걸 눈치채도록 할 수 있다. 풍경 화면에 고질라 테마음이 들려오면 등장이 기대된다. 유령이나 야쿠자 항쟁 등의 테마음도 효과적이다.

◆ 감정을 나타내기도 한다

동일한 음악의 사용으로, 다른 장면의 다른 등장인물이지만 같은 감정임을 암시할 수도 있다. 이를 위해서는 슬픔의 테마나 불안의 테마 등을 영화 속에서 반복적으로 제시해두면 된다. 배경음이나 효과음으로 같음을 보여주는 것은 장소나 시간 등의 구체적인 것이지만, 음악이라면 의미 등 추상적인 것을 나타내는 경우가 많다.

POINT 어느 장면의 시간이나 장소 등을 나타내려면 상황설정 숏뿐 아니라 배경음 등의 소리를 활용한다. 음악을 사용하면 감정을 암시할 수도 있다.

서로 다른 장소를 소리로 연결한다

다른 장소에서 촬영한 컷을 삽입하는 경우에도 동일한 배경음을 흘리며 연결하면, 관객은 같은 장소, 같은 시간으로 인식한다. CG나 특수촬영한 컷의 삽입, 풍경과 세트장 등을 조합할 경우에 이를 사용할 수 있다. 또한 별개의 로케 장소를 조합해 영화 속에서만 존재하는 장소로 만들 수도 있다.

● 소리로 다른 장소나 대상을 표현한다

장면 속에서 계속 흐르는 배경음뿐 아니라 컷 단위의 소리 앞당기기, 뒤로 밀기로도 상황을 연결할 수 있다. 더 나아가 효과음을 사용해 영상으로 찍지 않은 존재도 나타낼 수 있다. 예를 들면 고양이 울음소리만으로 화면 밖 고양이와의 상호작용을 나타내고, 싱크대에서의 설거지하는 소리, 요리하는 소리만으로도 주방에서 일하고 있다는 상황을 알릴 수 있다.

소리 /	고고고고고 윙-윙-····

· 올려보는 남자   · 상공에는 우주선

이상한 배경음을 잘 사용한 짓소지 아키오 감독

〈울트라 세븐〉 제8화의 〈노려진 거리〉에서는, 잠입수사를 위해 골목에서 긴장한 채 잠복 중인 사복 대원 장면에서 어딘가의 방으로부터 들려오는 야구 중계 소리가 울려 퍼진다. 평범한 마을 풍경이지만 외계인 에이전트와 대결 중이라는 이상한 상황이 돋보였다. 제43화 〈제4행성의 악몽〉에서는 지구와 비슷한 거리 풍경에서 일부러 거리의 잡음을 제거해 있을 수 없는 고요함을 만들었다. 이것은 강한 위화감을 불러일으키며 관객으로 하여금 지구가 아니지 않을까 생각하도록 유도했다.

효과적인 음악(BGM)은 타이밍이 관건

요령 A

음악에는 다양한 역할이 있다

영화음악에는 BGM과 별개로 영화 속 장소에서 흐르는 음악도 있다. 예를 들어 사람들이 왁자지껄하면서 트로트가 흐르면 선술집으로, 팝송이나 재즈, 클래식 등이 흐르면 카페로 느껴지기도 한다. 이런 경우 음량을 조정하거나 이퀄라이저, 리버브 등으로 사용할 소리를 손질해야 한다(TAKE 44).

● BGM에 따른 연출 효과

음악으로 다음과 같은 특정 효과를 동시에 누릴 수 있다.

• 영화 분위기를 조성한다
같은 영상이라도 흘러나오는 음악에 따라 분위기가 달라 보인다.

• 인물이나 물건에 인상을 남긴다
테마음악의 프레이즈(phrase)를 만들어 반복하는 등의 방법으로 인상을 남긴다.

• 감정을 전달한다
인물의 감정을 전달한다. 감정에 맞추는 방법과 반대 분위기의 음악을 굳이 사용해 대위법적으로 감정을 돋보이게 하는 방법이 있다.

• 리듬을 더한다
음악의 리듬을 이용한다. 편집하면서 컷의 타이밍과 비트를 맞추면 효과적이다.

• 이야기의 진행을 돕는다
스토리텔링을 보조한다. 예를 들면 영화 속 평온한 일상에 불안한 음악이 흐르기 시작하면, 관객은 앞으로 뭔가 사건이나 나쁜 일이 닥칠 것임을 예감하며 흥미를 갖는다.

Information

◆ 영화에서 확인하는 음악의 효과

영화에서는 장면에 맞게 또는 위화감을 일으키며, 음악을 다양하게 이용해 왔다. 이 중 불안감이나 불쾌감을 주는 유형의 음악은, 영화에서는 많이 사용하지만 사운드트랙 앨범 등에는 선택되기 어려워 일반인에게 인지되는 경우가 드물다.

• <주정뱅이 천사>(1948 일본) 절망에 빠진 인물이 걸어갈 때 밝은 음악이 흐른다.

• <살다>(1952 일본) 삶의 의미를 깨달은 순간, 옆에서 '해피버스데이~♪' 합창이 터져 나온다.
• <7인의 사무라이>(1954 일본) 절망 속에서 주인공이 내건 깃발이 창공에 펄럭일 때 테마음악이 독주로 나온다.
• <죠스>(1975 미국) 처음 상어 장면에서 테마가 흐르고, 이후 이 음악만으로도 관객은 경계심을 갖는다.
• <스토커>(1979 소련) 열차가 지나갈 때만 음악이 섞여 든다.

POINT 영화 속에서 BGM은 신중하게 다룰 필요가 있다. 계속 흐르면 음악만 두드러져 장면이 느슨해져버린다. 정신 차리고 들어야 들릴 정도의 사용이 바람직하다. 타이밍이 중요하다.

요령 8

BGM을 시작하는 타이밍

음악이 울리기 시작했음을 관객이 알아차리면 효과가 반감된다. 관객의 감정을 무의식중에 고조시켜야 한다. 이를 위해서는 시작과 끝의 기술이 중요하다.

• **다른 소리에 더한다:** 유리 깨지는 소리에 더하거나 파도 소리에 섞여 흐르게도 한다.

• **페이드인(F.I.), 페이드아웃(F.O.):** 스니크인, 스니크 아웃이라고도 한다. 알아차리지 못할 정도로 슬며시 들어가고 나오는 느낌이다.

• **대사, 동작, 심정 변화의 계기로 삼는다:** 이야기나 영상, 인물에 정신이 팔려 있으면 음악은 알아차리기 어렵다.

• **타이밍을 빨리, 늦게:** 계기가 되는 타이밍에 너무 딱 맞춰도 시끄러울 수 있으므로 한 박자 늦거나 빨리해서 흐름에 익숙해지도록 한다.

• **음악의 앞당기기, 뒤로 밀기(TAKE 23):** 먼저 음악이 흐르기 시작하고 나중에 영상을 여기에 맞춘다. 반대로 음악만 남겨서 분위기를 다음 장면까지 이어가기도한다.

● **소재의 사용조건에 주의**

① 소재 제작자의 크레딧을 표시할 의무가 있는가?

② 영리 목적으로 사용해도 되는가?

③ 소재를 변형해도 되는가?

④ 소재를 사용해 작품을 만들 경우, 같은 조건으로 공개해야 할 의무가 있는가?

⑤ 무료 소재의 조건 예시

• **CC(Creative Commons) 라이센스:** 사용 조건을 마크로 표시한다.

• **퍼블릭 도메인(Public Domain):** 보호기간이 종료되었거나 미국 정부 공무원이 직무상 작성한 저작물의 일부 등 권리자의 의사로 공유물이 된 것. 자유롭게 사용할 수 있다.

• **카피레프트(Copy Left):** 사용, 변형의 자유를 인정하지만, 사용한 작품의 공개 조건은 소재와 같아야 한다. 예를 들어 소재가 공개 자유라면 이를 사용한 영화도 공개 자유가 의무화되므로 주의하자.

원모어 어드바이스

영화음악의 가능성

1995년 라스 폰 트리에 등 덴마크 영화인이 시작한 '도그마95'라는 영화 운동이 있다. '순결의 서약'이라 불리는 10가지 계명을 영화 제작에 부과하고, 음악이나 소리는 현지 로케에서 동시녹음한 것만 허용했다. 할리우드류 오락영화에 대한 문제 제기 격 운동으로, 엄밀히 지킨 작품은 드물지만 후에 트리에 자신이 〈어둠 속의 댄서〉(2000)를 탄생시킨 것처럼 영화에서 소리나 음악의 가능성을 깨닫게 한 사건이었다.

영화의 템포를 좌우하는 장면과 시퀀스의 연결

요령 A
장면 연결에도 연구가 필요

장면(시간과 장소)이나 시퀀스(에피소드 단위)의 연결 지점에서 관객은 이야기의 단락을 느낀다. 명확한 시작이나 끝을 갖추어 작은 이야기[Xa→Xb]로 나타내는 것이 기본이지만, 연결을 매끄럽게 하거나 의외의 전개를 펼쳐 빠른 템포로 느끼게 하는 방법도 있다. 소리만 앞 장면으로 당겨 넣거나, 다음 장면에까지 남기거나 하는 간단한 방법도 효과적이다. 또한 다음의 다양한 연결 방법과 병용하는 경우도 많다.

● 매치컷 연결

형태가 비슷한 화면으로의 연결(A)과 장면을 바꿀 때 관객을 조금 놀라게 하며 넘어가는 방법(B)이 있다. 예를 들어 <인디아나 존스>시리즈의 <레이더스/잃어버린 성궤>(1981 미국) 오프닝에서는 영화사의 산 모양 로고가 실제의 산 풍경으로 연결된다.

● 오해하게 한다

같은 장면이라고 생각하게 하고서 다른 장면으로 옮겨 간다. 장면 변화의 미스리드로 놀라게 만들어 템포가 잘 느껴지도록 한다.

A-1: 원그래프

A-2: 벽의 환풍기

B-1: 보는 A

B-2: 되받아보는 B

B-3: 인가 싶더니 외부에 있다(컷 또는 줌다운*)

※ 줌다운: 업에서 롱으로 컷 내에서 변화시킨다. 편집할 때 크롭(확대) 기능으로 만들 수도 있다.

POINT 장면과 시퀀스의 전환은 영화 전체의 템포를 바꾸는 중요한 역할을 한다. 매끄럽게 보여주기도 하고 한편으론 앞뒤를 충돌시켜 강약의 리듬을 효과적으로 사용하기도 하는 등 연구해야 할 대상이다.

● 대사로 연결한다

대사에서 말한 내용으로 다음 장면을 시작하며 매끄럽게 연결한다. 예를 들면 어떤 남자의 소문을 이야기하는 장면에서, 이 남자가 거리를 걸어오며 등장해 카메라 앞까지 오는 장면을 연결한다. 이때 소문을 이야기하는 대사를 뒤 장면으로까지 이어가 거리의 남자 얼굴과 연결하면 한층 의미가 명확해진다.

● 자주 사용하는 연결법(TAKE 30)

페이드인(F.I.), 페이드아웃(F.O.), 오버랩(O.L., 크로스디졸브, 디졸브 등 모두), 와이프*, 트랜지션** 등. 특히 4~5컷 또는 몇 초 정도로 눈치채지 못할 정도 길이의 완만한 전환은 자주 사용된다. 과장된 트랜지션은 거의 쓰이지 않지만 영화의 스타일을 보여주기 위해 초반에 일부러 몇 번 사용하기도 한다.

* 와이프(wipe): 컷을 닦아내듯이 전환하는 트랜지션.
** 트랜지션(transition): 컷의 이음새를 어떻게 전환하는가의 효과.

요령 ⑧
시나리오를 변경한다

편집 단계에서 시나리오의 구성을 바꾸는 경우가 있다. 장면 중 일부를 삭제하기도 하고, 대폭 바꾸거나 생략(TAKE 14)하는 경우도 있다. 중요한 것은 영화 전체의 이야기다. 필요 없는 요소를 없앨수록 이야기는 선명해진다.

● 생략 순서

① 영화의 전체 이야기[Xa→Xb]가 무엇인지를 되묻는다. 최소한의 필요 요소는 무엇인가?

② 이 이야기[Xa→Xb] 외의 요소는 없앨 수 있다. 이야기와 관계없는 설정 등 세세한 정보는 불필요할 수도 있다. 결과만 있으면 중간 경과는 생략할 수 있다.

● 이야기에 맞춘 다양한 생략

[예1] ① 은행 강도 계획 장면(차로 은행 앞까지 급히 가서 안으로 들어가는 장면 등을 잘라내고)→ ② 은행 안에서 총을 꺼낸다.

[예2] ① 은행 강도 계획 장면(강도 장면을 전부 잘라내고)→ ② 급히 달리는 차 안, 동료 중 한 사람이 배에서 피를 흘리고 있다. 한 사람이 외친다 "어쩌지!?"

원모어 어드바이스

장면과 시퀀스는 충돌시킨다

장소나 에피소드를 바꾸면 충격이 일어난다. 이것의 반복이 영화의 비트가 된다. 이것을 두드러지게 하면서도 자연스럽게 보이는 모순을 양립시키는 것이 편집의 묘미다. 매치컷으로 연결해 놀라움으로 돌파하거나, 미스리드로 오해하게 해 바뀐 것을 뒤늦게 알아차리게 하거나. 앞당기기나 뒤로 밀기로 가벼운 의구심이나 예감을 갖게 하는 등 장면이나 시퀀스의 연결은 영화의 템포에서 중요하다.

TAKE 28 버전 및 백업 편집 데이터의 관리 방법

기록용지를 붙인다

촬영하며 기록용지를 붙여두면 촬영숏 관리에 도움이
된다.

● **기록용지는 편집할 때도 사용 가능**

기록용지에 빨간색 글씨 등으로 메모해가면서 편집하
면 편리하다.

● **기록용지에 기재하는 내용 예시**

• S#(장면 번호), Sh#(숏 번호), T#(테이크 번호): 장
면에서 사용할 숏을 찾는다.

• 시각, 카메라 파일명, 동시녹음 파일명 등: 파일을 찾
는 데 사용한다.

• 내용, OK/Keep/NG 등: OK 테이크를 찾는다. 움직
임이 연결되지 않을 경우 등 차선 숏을 찾을 수 있다.

S#: 장면 번호

Sh#: 숏 번호

T#: 테이크 번호
숏마다 1부터 부여
(NG는 리테이크)

시각: 작성 시각으로
파일을 찾을 수
있다

숏 내용: 누가, 어떤 사이즈로

OK: 사용 가능
Keep: 사용 가능하지만 리테이크한다
NG: 사용 불가

카메라 파일명: 동영상 파일명. 카메라가 여러 대일 경우엔 각각

동시녹음 파일명: 녹음 파일명

길이: 해당 테이크의 길이

No: 이날 몇 매째인지

비고: 현장의 느낌을
적는다

작품명, 촬영 날짜:
누락이 없는지 확인

▼ 기록용지

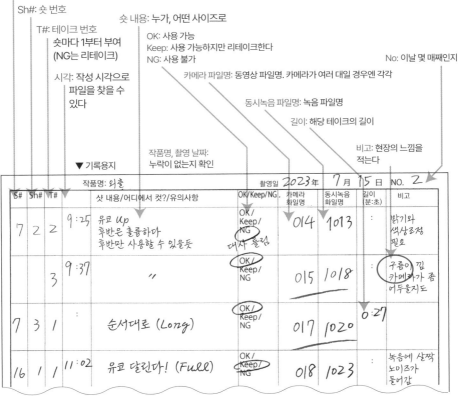

작품명: 외출					촬영일 2023년 7월 15일 NO. 2				
S#	Sh#	T#		샷 내용/어디에서 컷?/유의사항	OK/Keep/NG.	카메라 화일명	동시녹음 화일명	길이 (분:초)	비고
7	2	2	9:25	유코 up 후반은 흐름하다 후반만 사용할 수 있을듯	OK/ Keep/ NG 대사 들림	014	1013	:	밝기와 색상조정 필요
		3	9:37	〃	OK/ Keep/ NG	015	1018	:	구름이 낌 카메라가 좀 어두울지도
7	3	1	:	순서대로 (Long)	OK/ Keep/ NG	017	1020	0:27	
16	1	1	11:02	유코 달린다! (Full)	OK/ Keep/ NG	018	1023	:	녹음에 살짝 노이즈가 들어감

요령 8

편집 데이터의 정리와 백업

● 편집에서 다루는 것은 프로젝트 파일
편집 소프트웨어로 저장하는 데이터는, 동영상 파일을 어떻게 연결할지를 기록한 작은 프로젝트 파일이다. 이것을 렌더링해서 완성 동영상 또는 중간 파일이라 일컫는 동영상 파일을 만든다.

● 대량의 파일을 폴더로 분류한다
대량의 파일을 잘 찾을 수 있도록 작품 폴더 아래에 '촬영 소재' '기타 소재' '효과음' '음악' '편집 프로젝트' '중간 파일' '완성판 동영상' 등의 폴더를 만들어 분류하면 좋다.

● 버전 및 부문 관리
편집 과정 중의 데이터 관리를 위해, 큰 변경을 버전(version), 작은 변경을 리비전(revision)이라 하고서, '타이틀_버전번호-리비전번호'로 파일명을 붙인다. 또한 가지내기(branch)도 활용해서 이전 데이터로도 돌아갈 수 있도록 관리하자.

X본편_01-01
↓ → X예고편_01-01
X본편_02-01
↓
X본편_02-02
↓ → X단축판_02-02
X본편_03-01

● 네스트 편집(TAKE 05)
긴 영화는 장면마다 편집 작업을 하고, 마지막에 가서 하나의 동영상으로 정리하면 된다. 편집 중인 타임라인에 다른 프로젝트 파일을 배치할 수 있는 네스트(중첩) 기능을 사용한다. 또한 장면마다 가역압축(TAKE 06)이나 고화질로 렌더링한 중간 파일을 배치하는 방법도 사용할 수 있다.

타임라인

비디오1	OP		타이틀02	
비디오2		S#01_03		S#02_01
오디오			음악	

● 백업(TAKE 02)
편집 중에는 반드시 백업을 하자. 편집 소프트웨어의 자동 백업 설정이나 백업용 소프트웨어를 사용해 정기적으로 외장 드라이브에 저장하고, 번개, 화재 등의 재해에도 대비해 클라우드 서비스 같은 별도의 장소에도 저장한다.

원모어 어드바이스

다른 편집 소프트웨어와 편집 데이터를 주고받는 EDL

편집 데이터를 다른 종류의 편집 소프트웨어로 옮기고 싶은 경우, 새로운 소프트웨어가 이전 파일 형식을 읽어 들이지 못할 때는 EDL(Edit Decision List) 파일 형식으로 시도하자. 프로젝트 데이터를 EDL로 익스포트(내보내기) 해서 다른 소프트웨어에서 인포트(불러오기) 하자. EDL은 편집 내용을 텍스트 파일로 만든 것이어서 텍스트 편집기로 내용의 확인이나 편집도 가능하다. 다만 호환성 문제 등으로 다 잘되리라 장담할 수는 없다.

TAKE

(29) 항상 전체의 흐름을 의식하자
편집의 워크플로

요령
편집 작업의 진행 방법

편집 작업을 어떻게 진행해야 좋을까. 작품마다 적절한 방법이 있겠지만, 기본이 되는 한 가지 예를 들겠다.

STEP ① 데이터 저장 및 정리
소재 데이터를 폴더에 배치하고 백업을 만든다. 이때 촬영 장면이나 동시녹음 파일을 '장면-숏-테이크-카메라'(예: xx-13-07-01-A.mov)처럼 알아보기 쉽도록 이름을 바꾸는 경우도 있다.

촬영 소재 > xx-13-07-01-A.mov

기타 소재　효과음　음악

STEP ② 프로젝트의 작성
편집 소프트웨어에서, 편집 장면이나 롤* 등의 단위로 신규 프로젝트를 만들어 소재를 읽어 들인다.

* 롤: 필름의 1롤부터. 단락 짓기 좋은 지점까지 장면을 정리한 것.

STEP ③ 타임라인 작성
소재를 타임라인에 배열한다. OK 테이크만 할지, NG 테이크도 포함할지는 시간에 달렸다. 동시녹음한 음성 파일이 있는 경우엔 타임라인에 배열하고, 슬레이트*로 동기화시키는 경우엔 파형과 화면으로 타이밍을 맞춘다. 동기신호나 음성 파형을 이용해 자동으로 동기화시키는 것도 있다.

* 슬레이트: 보드라고도 한다. 치는 소리와 화면으로 동기 타이밍을 알 수 있는 도구.

STEP ④ 소재를 확인한다
배열한 소재를 확인한다. 가능하면 여러 번 검토하는 편이 좋다. 전체를 빨리 돌려보며 파악한 후에 각각을 보기도 하고, 처음부터 같은 속도로 보기도 한다. 이때 기록용지나 노트 등에 메모를 붙이기도 한다.

편집 소프트웨어(TAKE 05)

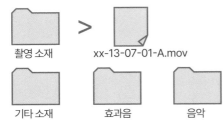

트리머

모니터

빈

비디오1	
비디오2	타임라인
오디오	

STEP ⑤ 시나리오를 이미지화한다

시나리오를 참조하면서 어떻게 편집할지를 이미지화한다. TAKE 07의 [Xa→Xb]를 상기하자. 이 부분에서 어떻게 이야기를 만들까. 먼저 끝부분 [Xb]을 이미지화하고 이것의 반대인 첫 부분 [Xa]을 고려해 이 사이의 우여곡절 등을 생각해 나가면 이미지화하기가 쉽다.

STEP ⑥ 소재를 편집한다

영상과 소리를 타임라인에 배열한다. 우선 가상의 결말을 배치하면 배열이 쉬워진다. 마스터숏이 있는 촬영이라면 일단 맨 아래 트랙에 배치하고 다른 소재를 위에 놓는다. 세밀한 부분은 나중에 해도 좋으니 대략 전체부터 시행하자. 이때는 시나리오에 얽매이지 말고, 불필요하다고 느끼는 대사나 동작을 삭제하는 일에 주저하지 않는다.

STEP ⑦ 연결을 조정한다

전체가 연결되면, 움직임의 어디에서 연결할지, 소리를 앞당기거나 뒤로 밀지 등을 생각한다. 움직임이나 시간을 건너뛸 곳 또는 생략할 수 있는 부분을 찾는다. 이 단계에서는 한 컷 한 컷이 중요해진다.

STEP ⑧ 마무리 작업

영상의 세밀한 조정이나 소리의 마무리를 실시한다. (CHAPTER 3,4)

STEP ⑨ 최종 파일을 작성한다

네스트 편집이나 중간 파일을 사용한 경우엔 기본 프로젝트 파일에 새로운 편집을 추가하며 진행한다.

STEP ⑩ 전체를 확인한다

전체적으로 확인하고 수정한다.

STEP ⑪ 렌더링(TAKE 46)

최종적인 완성 영화를 렌더링한다.

원모어 어드바이스

전체를 조망하듯 확인한다

편집 작업 중에는 디테일에 눈길이 가서 전체가 보이지 않게 된다. 영화의 인상은 전체 밸런스가 만들기 때문에 전체를 조망해야 함을 염두에 두자. 전체 중 일부로서의 디테일이다. 하룻밤 자고 시간이 지난 뒤 다시 보거나 다른 사람과 함께 보자. 그러면 인상이 바뀐다. 필요한 것은 영화 전체의 이야기 [Xa→Xb]가 잘 만들어졌는지 여부다. 편집은 글을 쓰거나 그림을 그리는 일과 비슷해서 한 줄 또는 한 구석에 손을 대가며 전체를 만들어가는 작업이다.

인공지능(AI)과 영화 편집의 미래

마쓰모토 다이키 [촬영감독/영화감독]

이 칼럼을 쓰고 있는 2023년, 미디어나 SNS에서는 '챗GPT' 등 인공지능(AI)에 대한 정보, 뉴스가 거의 매일 난무하고 있습니다. 이미지생성 AI 서비스 등도 놀라운 속도로 진화하고 있어서, 이같은 기술이 영상, 영화의 편집 분야에서 실용적인 수준에 이르는 것도 시간문제입니다. 소위 '프롬프트'라고 불리는 주문을 컴퓨터에 던지면 번거로운 영상 편집도 순식간에 자동으로 해주는 미래가 그리 멀지 않은 시기에 도래하지 않을까요? 애당초 영상, 영화의 편집을 사람이 할 필요가 있었을까요? 이 일에 대해 진지하게 생각해야 할 시기에 이미 이르렀는지도 모릅니다.

얼마 전 이 책의 저자이자 존경하는 기누가사 류톤 감독의 최신 장편영화 <아하라 마도카의 조용한 분노>의 촬영, 그리고 본편 편집에도 참여할 기회가 있었습니다. 기누가사 감독은 각본, 연출, 촬영, 편집 전반에 걸쳐 독자적인 철학을 지녔으며, 이를 매우 중요하게 생각하는 분입니다. 감독이 그려내는 세계관은 세상에서 유일무이한 오리지널이므로, 설령 향후에 AI가 굉장히 발달하고 다른 현존하는 영화작품을 모두 학습한다 해도 분명 이것을 만들어내지는 못할 것입니다. 지금은 제작자의 개성을 점점 따지는 시대입니다. 독자들도 이 책으로 영상 편집을 공부하면서 실천할 때는 반드시 자신이 좋아하는 것, 자신이 하고 싶은 일을 소중히 여기며, 정직하게 작품을 만들

어 주었으면 합니다.

마지막으로, 영화 편집이 재미있는 이유는 답이 없다는 점이라고 생각합니다. 앞서 언급한 기누가사 감독의 최신작 <아하라 마도카의 조용한 분노>를 편집할 때도 마지막 장면의 음악 삽입 여부를 놓고, 작곡가, 프로듀서와 함께 끊임없이 대화를 나눴습니다. 기누가사 감독 자신도 매우 망설였습니다. 편집은 항상 망설임과의 싸움입니다. 무엇을 선택할까, 무엇을 버릴까. 이게 맞을까, 틀릴까. 이것은 아무도 모릅니다. 인생도 마찬가지죠. 영화 편집에 앞으로 도전해보려는 분, 지금 이미 영화 편집에 종사하는 분, 여러분의 매일매일 용기 있는 선택에 마음으로부터 경의를 표하며 이 칼럼을 마무리 짓고자 합니다. 끝까지 읽어주셔서 감사합니다.

<미포린> 2019년 감독/마쓰모토 다이키

Information

◆ **마쓰모토 다이키 (영화감독/촬영감독)**

1983년생. 효고현 고베시 출신. 다양한 영상 제작 관련 회사에서 경험을 쌓으며 촬영, 편집의 노하우를 연마해 프리랜서 영상 크리에이터로 독립. 2013년에 합동회사 CROCO를 창업했다. 2019년에는 <미포린>으로 영화감독 데뷔. 이 작품은 가나자와영화제 2019 '기대되는 신인 감독' 관객상, 오사카 시네마페스티벌 2020 와일드번치상을 수상. 이후 코로나 사태 속에서도 계속해서 작품을 제작. 2021년에 제작 총지휘, 감독을 맡은 영화 <조폭 버추얼 유튜버 달마>가 유바리 국제 판타스틱영화제 2022 유바리초이스 부문에 선출. 더구나 같은 해 개최된 아르헨티나 부에노스아이레스 로호상그레영화제 2022에도 초청되어 상영되었다.

CHAPTER III

색과 문자로 세계관을 만든다

마무리 작업으로는 그레이딩(색채 조정)과 타이틀 작성 등이 있다. 색의 구조와 비디오스코프 사용법을 알고, 그레이딩으로 영화의 외형(look)을 만들어내자. 또 타이틀도 만들면서 영상을 마무리하자.

TAKE
30

그레이딩과
페이드, 오버랩

디지털로 영상을 마무리한다

디지털 편집에는 단지 컷의 연결뿐 아니라 합성이나
트랜지션 등의 특수효과와 그레이딩*이라 부르는 영
상 조정도 포함된다.

● 높아진 편집의 위상
최근의 디지털 촬영은, 촬영 때 가능한 많은 정보를 포
함하는 데이터로 녹화한 후, 이를 편집하며 마무리할
때 정보를 취사선택해 효과적인 영상으로 조정하는
방법이 주류이다. LOG나 RAW(TAKE 34) 등 조정을
전제로 촬영한 영상도 많다.

● 기원을 알면 이해하기 쉽다
필름 시절에는 촬영 단계에서 필름의 종류를 바꾸거
나, 조명을 포함한 필터 작업을 실시하거나, 현상, 인화
작업 때 조정하거나 하면서 완성 영상을 만들었다. 현
재에도 이 시대에 개발된 영상효과를 재현하는 기술이
많다. 이를 염두에 두고서 이해한다면 파라미터의 의
미를 쉽게 알 수 있다.

● 그레이딩의 커버 범위
디지털 시대의 그레이딩은, 비디오 기술 시대의 컬러
컬렉션이라는 색 보정 기술로부터 범위가 넓어지고 있
다. 색의 조정뿐 아니라 합성, 마스크 처리 관련, 빛의
번짐, 조명, 렌즈, 카메라 기기, 필름, 현상·인화 처리의
재현에 이르기까지 폭넓은 범위를 커버한다.

* 그레이딩(grading): 서로 다른 시간과 조명 상태에서 촬영한 영
상을 일관성 등을 위해 농도와 톤을 수정, 보완하는 작업.

필름 영화

카메라

현상소

디지털 편집 소프트웨어

	트리머	모니터
빈		

비디오1	
비디오2	타임라인
오디오	

디지털에서의 영상 마무리는, 현재로서는 필름 시대의 영상효과를 재현한 것이다. 우선은 자주 사용하는 페이드나 오버랩, 간단한 합성부터 이해하자.

페이드, 오버랩, 합성

● 페이드의 기원
페이드인(F.I.), 페이드아웃(F.O.)은 영화 여명기에는 촬영 시의 스튜디오 조명이나 조리개와 셔터의 스피드 조정으로 만들었다. 나중에는 필름 인화의 농도를 변화시키며 서서히 사라지거나 떠오르는 효과를 만들었다. 현대의 편집 소프트웨어에서는 컷 끝부분에서 페이드를 지정한다.

● 페이드의 기술
페이드하는 색은 검정이 많지만 흰색이나 다른 색으로도 지정할 수 있다. 3~5컷 정도로 관객 모르게 인상을 남기기도 하는데, 몇 초에서 몇 십 초까지 길이가 다양하다. 서서히 빠르게, 천천히 등 변화속도도 바꿀 수 있다.

• F.I.: 컷의 첫 부분이 서서히 나타난다.

• F.O.: 컷의 끝부분이 서서히 사라진다.

● 오버랩의 기원
오버랩(O.L.)은, 여명기에는 F.O.한 뒤 필름을 되감아 F.I.를 촬영하거나, 인화할 때 두 컷의 F.I.와 F.O.를 겹쳐 인화하는 것으로 실현했다.

● 오버랩의 기술
디지털 편집에서는 두 컷의 이음새를 트랜지션 기능으로 지정한다. F.O와 F.I.컷을 다른 트랙에 배치해 끝부분이 겹치도록 조정할 수도 있다.

● 합성의 기원
2개의 영상을 겹치는 합성은, 여명기에는 카메라 내에서 필름을 되감거나 두 컷을 인화함으로 실현했다. 이때 촬영하는 렌즈를 가리거나, 인화할 때 화면의 일부를 숨겨서(마스킹해서) 두 영상이 함께 보이도록 합성하기도 했다.

● 합성의 기술
디지털 편집에서는 두 컷을 다른 트랙에 배치해 포개고, 투명도 조정이나 마스크 기능으로 투과하는 부분을 만들어 합성한다(TAKE 37).

옛 기술을 기반으로 한 디지털 편집
편집 소프트웨어 등에 갖춰져 있는 효과의 대부분은 영화 여명기부터 필름으로 실현해온 효과를 시뮬레이션한다. 자연광이나 공기, 조명이나 그 필터, 각종 렌즈나 그 필터, 셔터 기기나 필름의 종류, 현상 방법, 인화 방법 등의 메타포로, 파라미터의 조작이 정해져 있는 것도 많다. 이 구조를 알고 있으면 스스로 다양한 효과를 만들어낼 수 있다.

31 디지털 편집에서 영상을 표현하는 색의 구조

※ 웹페이지 <영화 제작의 교과서 시리즈>https://filmmakebook.minatokan.com(컬러 영상 있음)

요령 Ⓐ
영상은 3색 화소의 집합체

동영상 파일은 정지화면을 연속으로 표시한다. 게다가 한 장의 정지화면은 수많은 화소의 집합체. 이 하나하나의 화소 각각은 R(적) G(녹) B(청)의 3색 표시로 만들어진다.

● **영상 표시의 구조**

영화 <고베~도시가 속삭이는 꿈~(극장판)> 감독/기누가사 류톤

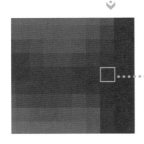

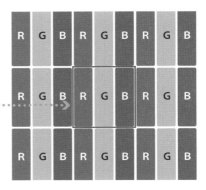

확대하면, 작은 사각형으로 이루어져있다. 이것이 화소(픽셀)이다. 풀하이비전이라면 화소가 가로1920×세로1080으로 2,073,600개가 나열되어 하나의 화면을 이룬다.

화소 각각은 RGB의 3색 표시로 이루어져 있으며, 각각의 강도(=밝기) 차이로 색이나 명암을 만들어낸다.

POINT 디지털 편집에서는 색을 디지털 신호로 취급한다. 영상의 표시 원리 그리고 화소와 색의 구조를 알고, 그레이딩 때 색상 조정이나 재현성 체크 등에 활용하자.

요령 **B**

색영역은 재현할 수 있는 색의 범위

인간이 느끼는 색을 그대로 완벽하게 재현할 수 있는 기기는 거의 없다. 기기로 얼마나 재현할 수 있는가의 범위를 색영역*이라고 한다. 기준이 되는 규격에는 몇 종류가 있다. 편집할 때, 어느 규격의 색 범위를 타깃으로 다룰지는 각자 결정한다.

• **sRGB** : PC 관련, 디지털카메라, 프린터 등에서 많이 사용하는 색영역.

• **Adobe RGB** : sRGB보다 넓은 범위. DTP(인쇄물 제작) 등에서 사용한다.

• **Rec.709(BT.709)** : HD 디지털 방송. sRGB와 거의 같다.

• **Rec.2020(BT.2020)** : 4K/8K 방송의 색영역. Rec.709보다 훨씬 넓다.

• **DCI-P3** : 디지털 영화용 색영역. Adobe RGB와 영역은 비슷하지만 커버하는 색이 약간 다르다. 네거티브 필름에 가까운 범위.

* 색영역(color space): 색 표시계를 3차원으로 표현한 공간 개념.

● 모니터 선택의 주의점

모니터에는 규격을 100% 커버하는 것이 많지 않다. 예를 들면 [Adobe RGB 커버율 95%]처럼 표기되어 있으므로, 어떤 규격으로 어느 정도의 범위까지 재현할 수 있는 모니터인지, 이를 바탕으로 판단한다.

사람이 볼 수 있는 색의 범위

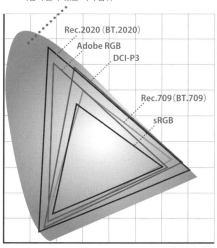

Rec.2020 (BT.2020)
Adobe RGB
DCI-P3
Rec.709 (BT.709)
sRGB

▲ 색영역의 개념

원모어 어드바이스

옛 방송 규격의 브로드캐스트컬러

예전 방송 규격의 신호 레벨은 하한과 상한이 디지털보다 좁다. 옛날 기기에서 RGB 신호가 이 범위를 넘으면 강한 색이나 어두운 부분이 포화(세츄레이션)한다. 다룰 수 있는 신호 범위를 넘어버리면 최대, 최소값이 지속되며 변화가 사라져 색이 뭉그러지는 경우가 발생한다. 이런 경우엔 브로드캐스트컬러라 부르는 이펙트를 이용해 화질은 떨어지지만 색의 범위를 좁혀서 방송 범위에 맞출 수 있다. 재생할 때 지나치게 강렬한 색이 나오거나 어두운 부분이 뭉그러진다면 시도해보자.

32

영상의 밝기와 색조를 비디오스코프로 표현한다

※ 웹페이지 <영화 제작의 교과서 시리즈>https://filmmakebook.minatokan.com(컬러 영상 있음)

요령

비디오스코프의 대표적인 4가지 그래프를 알자

동영상 파일에 기록된 색이나 밝기는, 재생기기나 사람의 감각 등에 좌우되어 보이는 모습이 제각각이다. 그래서 표시된 색의 신호를 분석해 표준적인 색인지 여부를 확인하는 것이 프로용 편집 소프트웨어에 탑재되어 있는 비디오스코프라는 기능이다. 이것의 원리와 이용 방법을 알아두자.

* 각각의 그래프는 이 영상을 분석한 것이다.

① 벡터스코프(vectorscope): 색조를 확인한다

한 영상의 화소를 분할해 색상을 원형으로 재배열한 것. 영상 색의 분포를 알 수 있다. 위로부터 시계방향으로 R(레드), Mg(마젠타), B(블루), Cy(시안), G(그린), Yl(옐로우).* 원의 중앙 부분은 색이 옅고, 바깥일수록 진하다(채도, 세츄레이션). Yl와 R사이에 피부색을 나타내는 가이드선이 표시된 것도 있다. 180도 반대 방향은 보색이다.

② 히스토그램(histogram): 밝기를 확인한다

화소를 밝기대로 재배열한 것. 영상의 밝기 분포를 알 수 있다. 오른쪽이 밝고 왼쪽이 어둡다. 세로축은 밝기의 화소 수이다. 검정이나 하이라이트의 강도, 양 등을 볼 수 있어서 영상 전체의 콘트라스트(대비)나 밝기를 파악하기가 쉽다. 화소의 분포로 밝기와 콘트라스트의 인상을 파악할 수 있다.

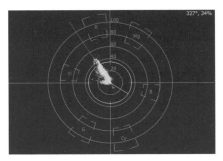

▲ Yl와 R사이인 피부색 가까운 부분에 짙은 색이 많고, Yl 부근에도 또 다른 짙은 색의 집합이 있어, 영상 대부분의 화소가 이들 색 범위에 모여 있다.
* Mg, Cy, Yl는 M, C, Y로 표기하기도 한다.

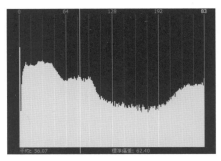

▲ 중간보다 어두운 화소가 많다. 한편 상당히 밝은 화소도 많은데 이것은 아마 배경에 있는 밝은 창일 것이다. 중앙 부분에 중간보다 밝은 화소가 적어 그래프가 계곡 모양이 되었다.

POINT

밝기나 색조를 비디오스코프에서 그래프로 표시하면 그레이딩을 정확히 할 수 있다. 또한 신호의 범위가 적절한지를 조사하거나 개별 컷의 밝기, 색조를 맞추는 일에도 편리하다.

③ 웨이브폼(wave form, 파형): 밝기를 확인한다

가로축은 영상의 왼쪽부터 오른쪽까지를 나타낸다. 세로축은 화소를 잘게 잘라 밝기에 따라 재배열한 것이다. 위가 밝은 쪽이다. 화면 가로축에 해당하는 부분의 밝기나 분포를 알 수 있다. 이런 화소의 분포로 각 부분의 밝기를 쉽게 파악할 수 있다.

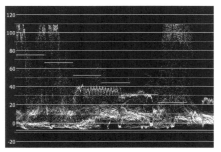

▲ 영상 좌우에 있는 창문의 밝은 화소가 100 주변에 많음을 알 수 있다. 또한 중앙 왼편에 있는 약간 밝은 화소가 40 주변에 보인다.

④ RGB퍼레이드: 색조를 확인한다

웨이브폼을 R(빨강) G(녹색) B(파랑) 각각의 색으로 분리해 배열한 것. 영상과 가로로 같은 부분의 RGB 각각의 강도를 보여주므로 RGB의 밸런스 분포를 알 수 있다.

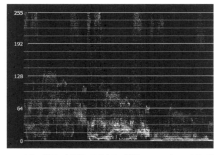

▲ 좌우 창문의 밝은 부분은 하양고, 소파 주변은 빨강이 강하다. 전체적으로 아래쪽 어두운 부분은 빨강이 강하다.

● 데이터로 확인하자

색상 조정은 겉보기만으로는 금방 벽에 부딪치고 만다. 비디오스코프로 확인하면서 작업을 진행하면 화면의 인상이 어디에서 기인하는지를 알 수 있어, 영상 제작의 방향성을 찾을 수 있다.

원모어 어드바이스

비디오스코프를 사용해 영상을 조정하자

그레이딩은 비디오스코프로 확인하면서 작업한다. 밝기나 색이 바뀌는 정도를 감각뿐 아니라 데이터로도 확인할 수 있으므로, 예상치 못한 색의 포화나 데이터 손실을 방지할 수 있다. 또한 다른 영상이라도 비디오스코프 그래프의 형태가 비슷하면, 비슷한 밝기와 색조가 된다. 이를 이용해 다른 컷의 밝기와 색조를 매치시키기 위해 비디오스코프를 비교해가며 작업하는 경우도 많다.

영상의 색채를 조정한다
프라이머리, 세컨더리 색조정

 요령 **A**

전체 조정은 프라이머리 색조정에서

화면 전체의 색상을 조정, 보정하는 작업을 프라이머리 색조정이라고 한다. 조작 인터페이스는 3개의 원(휠)인 경우가 많다(전체·오프셋을 포함해 4개인 경우도 있다).

원은 벡터스코프(TAKE 32)와 동일하게 색 배치를 나타내며, 180도 반대 방향은 보색이다. YI와 R 사이에 피부색을 나타내는 가이드선이 표시된 것도 있다.

- **저(低) (암부/섀도/리프트) :**
어두운 부분의 색을 바꾼다.
- **중(中) (중간부/미드톤/감마) :**
중간 부분의 색을 바꾼다.
- **고(高) (명부/하이라이트/게인) :**
밝은 부분의 색을 바꾼다.

● 색조정 방법
- **선명도** : 순도(세츄레이션), 채도, 색의 농도.
- **감마** : 어두운 부분에서 밝은 부분으로의 변화 비율. 크게 하면 중간부가 들려 올라가 밝아진다.
- **게인** : 밝기의 최대치. 크게 하면 명부가 밝아진다.
- **오프셋** : 명암 전체를 상하로 이동한다. 이것을 휠마다 조정할 수 있는 것도 있다.

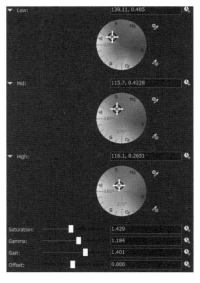

▲ 프라이머리 색조정의 예

내부의 둥근 점을 움직여서 색을 조정한다. 원 바깥쪽으로 움직일수록 색이 변한다. 명부의 색을 조정하면 화면 전체의 인상이 바뀌기 쉽다. 예를 들어 차가운 색인 청록색 느낌이 나도록 만들려면 고(High)의 휠을 조금만 B와 Cy 사이 방향으로 움직여보자.

Information

◆ 비디오스코프와 함께 사용하면 이해하기 쉽다

색조정에서는 색조, 색상, 밝기, 감마, 레벨, 채도 등 다양한 용어가 난무한다. 사용하는 문맥에 따라 미묘하게 의미나 정의가 엇갈리기도 한다. 이 용어들은 색을 감각적으로 이해해 조작하기 쉽도록 만들어졌다. 잘 모르겠으면 비디오스코프의 히스토그램이나 RGB퍼레이드를 표시해가며 조작해 영상으로 확인해보자. 직관적으로 이해할 수 있게 된다.

◆ RGB 값은 밝기와 색조

색조정의 마지막은 RGB 각각의 강도 수치를 바꾸는 것뿐임을 알아두자. 예를 들어 밝기와 콘트라스트를 조정하는 톤커브(컬러곡선) 기능으로 RGB를 조정하는 기기라면 이것으로 색조정이 가능하다. 전체가 어두우면서 파란색만 많이 남기면 밤의 인상, 노란색을 강조하면 태양이 느껴진다.
- RGB와 Mg, Cy, YI의 관계: Mg(마젠타)=R+B, Cy(시안)=B+G, YI(옐로우)=G+R.

색조정을 위한 소프트웨어나 플러그인은 허다하다. 많은 편집 소프트웨어에 탑재된 프라이머리 색조정의 기본 사용법과 색을 발췌하기 위한 세컨더리 색조정을 익혀두자.

부분 조정은 세컨더리 색조정에서

세컨더리 색조정의 예 ▶

영상 속 특정 색만 조정하는 것을 세컨더리 색조정이라고 한다. 옆의 조작패널 예에서 윗부분이 선택한 색을 조정하는 곳이다. '이펙트 범위의 선택(Select effect range)' 아래가 색의 선택을 이행하기 위한 조작 부분이다.

- **알파** : 투명도.
- **이펙트 범위의 선택** : 스포이트 형태의 아이콘도 있다. 픽업한 화소의 색을 기준으로 선택한다.
- **마스크 표시** : 선택한 화소를 흰색으로 표시한다.
- **마스크 반전** : 선택을 반전한다.
- **휘도(밝기)/채도(농도)/색상(색조 종류)의 제한** : 선택한 화소의 값 범위를 지정한다.
- **스무드** : 범위의 구분을 완만하게 한다.

● 추출한 색상의 표시 사례

아래 사진은 TAKE 31의 영상에서 얼굴 픽셀을 기반으로 추출한 결과이다. 흰색이 선택된 부분이다. 얼굴 부분만을 추출한다면 다른 오려내기나 마스크 기능과 조합하면 좋다. 이런 방식으로 특정 색만을 조작할 수 있다.

● 이렇게도 사용할 수 있다

- 흑백화면에 붉은색 물체만 드러낸다. ※ 로제 바딤 <피와 장미>(1960 이탈리아)
- 옷 색상을 바꾼다.
- 가을의 갈색 나뭇잎을 여름의 녹색으로.
- 합성할 때 얼굴만 추출한다.
- 그린백, 블루백을 선택해 투명하게 합성.
- 피부색을 중심으로 선택해서 스무드를 넓게→ 선택을 반전→ 피부색 이외의 채도를 0으로. 피부의 따뜻한 색 외에는 흑백이 되어 불가사의한 인상을 준다. (look에 대해서는 TAKE 36)

원모어 어드바이스

피부색의 비밀

인종이나 지역 등의 차이로 여러 색상이 있을 법한 피부색이지만, 실은 명도와 채도의 차이일뿐이다. 다소 개인차는 있지만 색조, 색상의 범위가 매우 좁다. 따라서 색상 조정 휠에서 사람의 피부색 가이드는 매우 유용하다. 이 색상을 선택하면 피부만 추출해낼 수 있다. 표정을 부각하기 위해 인물 부분을 선택해 조작하거나 거꾸로 인물 이외의 것을 조작하는 경우가 많다. 피부를 조금 연하게 하거나 색상을 제한해서 메이크업 효과를 내는 플러그인이나 소프트웨어도 있다.

TAKE 34 각종 파라미터를 알고서 밝기를 조정하자

요령 A
밝기=명도와 콘트라스트

밝기를 보려면 히스토그램이 알기 쉽다. 밝기 조정에는 프라이머리 색조정(TAKE 33)에서의 감마, 게인, 오프셋, 콘트라스트 등 각종 조정 이펙트가 있다. 히스토그램을 보면서 조작해보자.

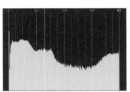
▲ 히스토그램의 예

• **명도** : 전체의 밝기
• **콘트라스트** : 명암의 차이. 클수록 또렷한 화면이 된다.
• **섀도** : 어두운 부분(암부). 이것을 조정하면 선명한 느낌 또는 반대로 어두운 부분이 떠 있는 느낌.
• **하이라이트** : 밝은 부분(명부). 밝은 부분을 명료하게 할지 가라앉은 느낌으로 할지를 조정.
• **레벨** : 가장 어두운 부분과 밝은 부분의 신호 차이.
• **히스토그램의 피크 위치** : 감마를 조정하면 화면의 그래프 형태 전체가 밝거나 어두운 부분으로 이동한다.

요령 B
밝기의 범위를 변경하는 레벨 조정

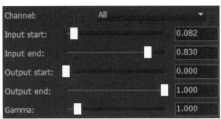
▲ 레벨 조정의 예
콘트라스트는 변동 없이 감마로 조금 밝게 했다.

• **입력개시, 종료** : 원래 신호의 명암 중 어느 범위를 사용할지를 지정한다. 개시를 0보다 크게 종료를 100보다 작게 하면 콘트라스트가 올라간다.
• **출력개시, 종료** : 조정으로부터 출력하는 신호의 범위를 지정한다. 개시를 0보다 크게 종료를 100보다 작게 하면 콘트라스트가 내려간다.
• **감마** : 1보다 크게 하면 히스토그램 전체가 오른쪽으로 옮겨가 밝아진다. 1보다 작으면 왼쪽으로 옮겨가 어두워진다.

Information

◆ 인상과 실제의 밝기는 다르다

사람의 눈은 이상하다. 조도계상으로는 같은 밝기인데 아침의 풍경은 눈부시게, 저녁의 풍경은 어둑하게 느끼기도 한다. 또 동공은 좋아하는 뭔가를 보면 무의식적으로 열려 실제보다 더 밝게 보이는데, 이런 것들은 기억에도 실제 밝기인양 자리잡는다. 이처럼 현실과 다른 색을 기억색이라고 한다. 편집에서는 측정 수치가 아닌 대다수가 생각하는 밝음과 어두움의 인상에 맞춰야 의도대로 보여줄 수 있다.

◆ 밝기는 비교로 판단된다

영상 속에서는 빛 번짐이 있으면 명도가 낮아도 밝게 느껴진다. 또 조금이라도 하이라이트가 있으면 대부분이 어둡더라도 사물의 형태를 알 수 있다. 그런데도 가장 밝은 부분의 밝기가 절반 이하가 되면 너무 어두워 보이지 않는 경우도 생긴다. 사람은 사물을 뭔가와 비교해서 판단하므로 단순히 전체의 밝기를 낮추거나 올리는 것으로는 미흡하다. 비디오스코프에서 수치를 확인해가며 인상을 만들어보자.

사람이 느끼는 밝기는 명암의 비교로부터 나온다. 따라서 밝기를 조정해주는 요소는 많다. 각각의 파라미터를 알고서 원하는 밝기를 만들어내자.

톤커브(컬러곡선)로 조정

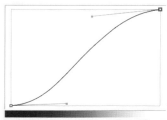

▲ 톤커브의 예

명부를 높이고 암부를 낮춰 필름 느낌의 콘트라스트를 주고 있다.

세로축이 이펙트의 입력, 가로축이 출력이다. 곡선을 조작함으로써 콘트라스트를 세밀하게 조정할 수 있다. 컨트롤 포인트를 만들어 여기서 나오는 핸들로 조작한다. RGB를 각기 다른 곡선으로 하면 색상 조정이 가능하다. 예를 들어 R(빨강)이나 G(녹색) 커브를 낮추고 B(파랑)를 이보다 올리면 야경과 비슷한 색조를 만들 수 있다. 프리셋 등이 있는 경우엔 이를 이용해 거기서부터 조정해갈 수도 있다.

고화질의 LOG 녹화를 복원한다

LOG 촬영은 통상의 촬영보다 풍부하고 조화롭게 보이며 그레이딩의 자유도도 높다. 주의가 쏠리는 암부의 정보를 많이, 명부의 정보를 줄여서 녹화하지만 이대로는 영상이 희미하게 보인다. 이것을 편집 등의 포스트 프로덕션을 거치며 LUT(룩업테이블)라는 변환을 적용해 자연스러운 명암으로 복원한다. LUT는 카메라 메이커의 순정품 말고도 여러 가지가 있다. 톤커브(컬러곡선)를 사용해 자신의 취향대로 마무리할 수도 있다.

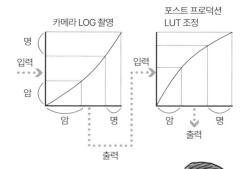

원모어 어드바이스

LOG보다도 자유도가 높은 RAW

후처리가 전제된 촬영에는 LOG 외에도 RAW가 있다. 이것은 카메라 센서의 RGB 신호를 그대로 기록한 것이다. 이 효과는 컬러 그레이딩 때 가장 잘 나타난다. 데이터가 압축되어 있지 않아 파일 크기가 거대하지만 포스트 프로덕션에서의 자유도는 매우 높아 밝기나 색상을 크게 바꿀 수 있다. 촬영 당시의 카메라로 녹화한 RAW를 취급할 수 있는 편집 소프트웨어에서 작업한다.

TAKE 35
컷의 색을 맞춘다
색온도와 조정 방법

※ 웹페이지 <영화 제작의 교과서 시리즈>https://filmmakebook.minatokan.com(컬러 영상 있음)

 요령Ⓐ

빛의 색을 나타내는 색온도

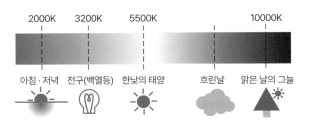

2000K	3200K	5500K	10000K
아침·저녁	전구(백열등)	한낮의 태양	흐린날 맑은 날의 그늘

동일한 물체여도 다른 색상의 빛으로 보면 붉거나 푸르게 보이기도 한다. 태양빛은 시각이나 날씨에 따라 변한다. 촬영용 라이트라도 종류에 따라 다르다. 이렇듯 같은 장면을 촬영했어도 숏마다 색조 차이가 발생한다. 이런 이유로 빛의 색은 물체를 달궈서 빛날 때의 온도(화씨)인 색온도로 표시한다. 단위는 켈빈(K)이며, 낮을수록 빨갛고 높을수록 파랗게 된다. 다만 일부 형광등에서는 녹색이 강하게 나오는 등, 인공광원 중에는 색온도만으로 대응할 수 없는 것도 있다.

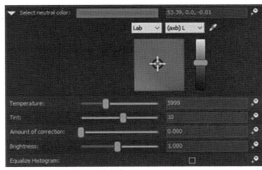

▲ 화이트 밸런스 _ 플러그인의 예

● 화이트밸런스(WB)의 조정
색상 차이를 보정하려면 색이 없는 흰색, 회색, 검정 등의 무채색 부분을 기준으로 RGB를 맞춘다. 색상 조정용 컬러휠 부근에 있는 스포이트 모양의 아이콘을 사용해 화면 속 무채색 부분을 선택하면, 이 부분으로 RGB를 맞추며 전체 색상을 조정할 수 있는 소프트웨어도 있다. '화이트밸런스' '컬러밸런스'라는 플러그인도 편리하다.

Information

◆ 필름 시대의 룩
필름 시절에는 필름의 종류와 필터, 현상, 인화 방법 등을 바꿔가며 색조정을 했다. 필름에는 주광 5000K 정도용 데이라이트 타입과 전등광 3200K 정도용 텅스텐 타입이 있었다. 또한 촬영하며 색온도를 조정할 때는 라이트 밸런싱 필터를 사용했다. 인화할 때는 RGB 각각의 인화량을 바꿔서 최종적인 색조정을 실시했다.

◆ 기능 명칭에 필름 시대의 흔적이 남아 있다
그레이딩 관련 소프트웨어를 사용할 경우, 필름 지식을 전제로 기능명이 붙어 있기도 하므로 필름룩을 재현할 때 기억해두면 좋다. 게다가 색상은 필름회사와 브랜드에 따라서도 다르다. 이 때문에 필름 시절에는 지역마다 영화의 영상 특징이 달랐다. 강철색의 표현, 유색인종의 표현 등 피사체에 따라 필름회사를 선택하기도 했다.

POINT 로케와 스튜디오 촬영을 혼합하는 등 촬영 사정에 따라 같은 장면 내에서도 컷 색상이나 밝기를 맞춰야 할 필요가 있다. 이때 필요한 것이 색온도 지식이다.

컷 색상을 맞추는 방법

로케와 스튜디오 촬영 또는 CG 컷의 색상을 맞추려면, 색온도를 이용하는 것 외에도 여러 방법이 있다.

● 플러그인으로 자동 조정

숏 매치, 컬러 매칭 등으로 불리는 플러그인을 이용해 색상과 밝기를 기준이 되는 숏에 맞춘다. 예로 든 사진에서는 롱컷을 기준으로 업컷을 조정하고 있다.

● 수동으로 맞춘다

조정하는 컷을 보이게 해놓고, 비디오스코프를 보면서 영상조정용 플러그인 등으로 색상과 밝기를 조절한다. 아래 예시에서는 편집 소프트웨어 화면에, 기준 컷의 일부를 조정 대상 컷에 겹쳐서 표시하고 있다.

[조정 순서]
① 비디오스코프를 표시한다
웨이브폼과 히스토그램은 밝기, 벡터스코프와 RGB 퍼레이드는 색상이다.
② 파형을 맞춘다
기준 영상을 놓고서, 웨이브폼과 RGB 퍼레이드의 파형(波形)이 기준영상과 동일하도록 조정한다.
③ 영상을 바꾸면서 작업한다
히스토그램와 벡터스코프는 영상을 바꿔가며 맞춘다.
※ 예시 사진은 레벨 조정과 프라이머리 색조정으로 작업.

원모어 어드바이스

색온도로 시간을 조작한다

화이트밸런스 플러그인에 색온도를 지정할 수 있는 기능이 갖춰져 있으면, 여기서 소개한 원리를 역이용해 낮이나 밤, 저녁과 같은 색상을 만들 수 있다. 편집 작업에서 컬러 그레이딩은 중요한 공정이므로 다양하게 시도해 납득할 수 있는 표현을 찾아내기 바란다. 이 경우 시간대에 따라 빛이 드는 방향도 바뀌므로 콘트라스트나 밝기 등의 조정도 동시에 실시한다.

TAKE 36
세계관을 전하는 영화의 룩을 만든다

요령 ⓐ
영화의 룩을 만들자

룩(look)이란 눈에 비치는 영화 영상의 이미지다. 다양한 룩을 아래에서 소개한다.

● 필름룩, 시네마톤
필름 영화 풍의 영상. 자신의 이미지에 적합한 영상이나 화면을 편집 소프트웨어에 넣고 비디오스코프로 분석하면서 조정하면 방향성이 쉽게 보인다. 중요 순으로 열거했다.

① **콘트라스트를 강하게** : 히스토그램을 참고로, 컬러곡선(톤커브)으로 암부를 낮추고 명부를 올려 S자 커브를 만든다.

② **색 입히기** : 필름 색감에 맞춰 3개의 휠로 색상을 조정한다. 채도는 디지털 촬영보다 대체로 낮지만, 8mm 등의 리버설필름*이나 테크니컬러**보다는 높다. 벡터스코프를 참고하자.

③ **그레인(입자) 등** : 작은 8mm, 16mm이거나 고감도 필름이면 거친 입자가 잘 보인다. 이런 필름의 입자를 플러그인 등에서 추가한다. 필름의 흠이나 먼지, 이동 때의 흔들림 등을 시뮬레이션하는 것도 있다.

* 리버설필름(reversal film): 투명 바탕에 포지티브 이미지를 나타내는 필름.
**테크니컬러(Technicolor): 색채가 풍부한 총천연색 컬러 영화의 색 재현 방식.

● 흑백, 모노톤
흑백에도 여러 종류가 있다. 초기의 오르소매틱 필름은 붉은색이 찍히지 않아 피부가 검게 보인다. 1930년대 이후의 펑크로매틱 필름*은 피부가 밝게 찍힌다. 촬영할 때 적색이나 녹색 계열 등의 색 필터로 피부 밝기를 조정하거나, 현상할 때 모노크롬(흑백)에 색을 입히는 조색(토닝) 기법도 등장했다. 재현할 때 효과를 거는 순서에 주의한다.

① 촬영하는 필름 종류나 사용 필터를 염두에 두고서, 색조정이나 톤커브(컬러곡선), RGB 조정 등으로 시뮬레이션한다.
② 채도를 0으로 해서 흑백으로 만든다.
③ 추가 색조정으로 조색을 시뮬레이션한다.
④ 필요하다면 ① ~ ③ 중 어딘가에 색커브나 그레인, 샤프니스, 글로우(빛 번짐) 등의 조정을 추가한다.

● 한 영화의 흑백을 재현하려면?
초기의 채플린 영화풍이라면, ① 오르소이므로 파랑을 남기고 녹색+빨강을 낮춘다. ②채도는 0으로 ③ 검정이나 세피아(흑갈색) 풍으로 ④색커브를 사용해 강한 콘트라스트와 진한 검정으로 조정한다. ⑤글로우 효과로 빛 번짐을 만들어도 좋다. 한편 기술이 발달한 <페이퍼 문>(1973 미국)의 흑백은, 콘트라스트는 완만하면서 암부와 명부가 명확해 글로우 등의 노이즈가 없는 샤프한 영상이다.

* 필름이 어느 색의 파장을 느끼는가에 따른 분류. 오르소매틱은 적색계 파장을 못 느끼고, 펑크로매틱은 사람 감각과 거의 같은 파장을 느낀다.

Information

◆ 명작 그레이딩
타르코프스키 감독, 소쿠로프 감독 등 냉전기의 소련현상소 조색은 훌륭하다. 당시의 서방세계에서는 찾아볼 수 없는 룩이었다. 후에 이 기법이 확산하였는지 아오야마 신지 감독 <유레카>(2001 일본)도 비슷한 룩을 만들었다. 모노크

롬 영상 표현의 풍부함이 느껴진다. 주네 감독의 <아멜리에>(2001 프랑스)에서는 빨강과 초록을 고집해 때때로 얼굴색이 황록빛이 되기도 했다. 스필버그 감독의 <라이언 일병 구하기>(1988 미국)에서는 오톤 효과에 가까운 수법으로 은빛이 감도는 영상을 만들었다. 관객은 쉽게 싫증낸다. 유행이 아닌 개성 있는 룩의 영화를 만들자.

POINT 영화의 외적인 인상을 룩이라고 한다. 영상의 외형은 작품의 세계관으로 관객을 끌어들이기 위한 중요 요소다. 영화가 이야기하는 세계를 체감하도록, 룩을 만들어보자.

※ 웹페이지 <영화 제작의 교과서 시리즈>https://filmmakebook.minatokan.com(컬러 영상 있음)

다양한 룩을 만드는 방법

● 틸과 오렌지
인물이 돋보이도록 피부를 오렌지색으로, 나머지는 보색(벡터스코프의 180도 반대쪽)으로 조정한다.
① 프라이머리 색조정으로 전체를 피부색과 반대쪽으로 조정한다.
② 세컨더리 색조정으로 피부색 부분을 추출해 피부색 방향으로 조정한다. 선택 범위가 어우러지게 한다.
※ +마스크 기능을 사용해도 좋다.
※ ①과 다른 트랙에, ②의 인물을 뺀 나머지를 투명하게 해서 겹쳐도 좋다.

● 오톤 효과* 풍으로
동일한 영상을 흐리게 하거나 흑백으로 만들어 합성한다.
① 본래 영상을 복제해서 블러 효과** 등으로 흐리게 만든다.
② 본래 영상을 흑백으로 바꾼다.
③ ① 위에 ②를 포개어 투명도를 낮춰서 합성한다.

오묘한 번짐이
나타난다
①+②=③

표정이
돋보이게 된다

원모어 어드바이스

좋아하는 그림이나 사진에 매치시킨다

TAKE 35의 컷 색상 맞추는 방법을 재미있게 응용할 수 있다. 자신이 좋아하는 그림이나 사진을 넣고 여기에 맞춰 컷 색상을 조정하는 일이다. 예를 들면 중세 그림, 좋아하는 사진이나 일러스트, 영화 등 다양한 룩을 기준으로 사용할 수 있다. 촬영 사전 협의 때 목표로 삼은 룩의 참고자료 영상을, 편집 시에 그대로 사용해도 좋다.

* 오톤 효과(orton effect): 사진에 뿌연 빛이 들어간 듯 몽환적 느낌을 준다.
** 블러 효과(blur effect): 아웃포커싱 등으로 흐리게 처리.

최신 기술부터 고전 기법까지
이것이 영상 합성이다

요령 A

기본적인 합성 방법

합성은 필름을 되감아 촬영하거나, 다른 필름을 겹쳐 인화하는 등의 방법으로, 오래전부터 행해져왔다. 디지털편집에서는 트랙을 겹쳐 위 트랙의 컷 투명도를 바꾸거나 하면서 이중으로 찍는다.

● 합성모드의 예

• **표준, 소스알파** : 컷의 투명도를 사용한다. 투명한 부분에서 아래 트랙이 보인다. 투명도를 조작해 반투명으로도 사용한다.

• **멀티플라이(곱하기)·마스크** : 화소마다 위의 색을 아래 색과 곱해서 합성한다. 한쪽이 검은색이면 합성 결과도 검은색이 된다.

• **스크린(screen)** : 위와 반대색을 아래 색과 곱한다. 겹치는 부분이 밝아진다. 멀티플라이·마스크의 반대.

• **오버레이(overlay)** : 어두운색은 곱하고 밝은색은 스크린으로 합성한다. 콘트라스트가 높아진다.

• **컬러도지(color dodge)** : 위의 색을 바탕으로 아래 색을 밝게 한다.

• **컬러번(color burn)** : 위의 색을 바탕으로 아래 색을 어둡게 한다.

● 투명한 부분을 만든다

• **화면의 확대·축소** : 컷을 확대하거나 화면 일부에 작게 표시하거나 회전시킨다. 이때 화면 바깥 부분이 투명해진다.

• **마스크 기능** : 화면 일부를 잘라내어 투명하게 한다. 애니메이션 기능으로 변화를 주거나 선택 부분의 가장자리를 흐리게도 처리한다.

• **세컨더리 색조정** : 선택 색상 부분이나 그 외의 부분을 투명하게 한다. 그린백(크로마키)도 이것으로 투명하게 할 수 있다.

① 위아래 트랙에 합성하는 영상을 배치한다.

② 위 컷을 축소하고 회전시키며 각도를 맞춰, 합성용 영상을 만든다.

③ ↑위 영상을 반투명으로 만들기 위해 투명도를 55%로 놓고 양쪽을 표시한다.

④ 공중에 영상이 떠오르는 이미지가 완성

● 기타 아이디어

• 카메라를 고정하고 동일 인물에게 화면 오른쪽과 왼쪽에서 연기하도록 한 후, 좌우를 반씩 한 화면으로 합성. 동일 인물이 얼굴을 마주보며 대화할 수 있다. <백 투 더 퓨처>(1989 미국)에서 나이 든 비프와 젊은 비프가 대화하는 장면 등이 유명하다.

• 영상 속 TV나 스마트폰의 화면 부분에 별도로 준비한 소재를 넣어 바꿔 끼운다.

• 촬영하며 불필요한 낙서나 간판 등이 있으면 합성으로 지운다. 포토샵, GIMP 등의 이미지 처리 소프트웨어를 사용하면 편리하다.

POINT 영상의 조합으로 새로운 세계를 만들어낼 수 있다. 최신 합성 방법뿐 아니라 100년 전부터 이어진 기초적 수법을 이해하면 감각적으로 다양한 세계를 만들 수 있다.

합성용 배경의 사용법

그린백, 블루백 등의 크로마키 합성은 사람 피부와 동떨어진 색감의 배경 앞에서 촬영하는 방법이다. 녹색이나 파란색은 배경색을 투명하게 만들 때 실수로 인물의 일부가 비치는 것을 막아준다. 전용 플러그인도 많다.

그린백에서 촬영 합성 후 영상

● 촬영 품질이 중요하다
그린백 합성은 촬영 품질이 중요하다. 조명 그림자나 구김이 없는 단일 색상을 배경으로 찍는 것이 바람직하다. 얼룩이 있어 별로일 때는 색조정을 하거나 마스크 기능으로 사용할 부분만 잘라낸다. 이것도 무리라면 마지막엔 한 컷 한 컷 손으로 마스크를 잘라서 영상을 뽑아낸다. 〈트론〉(1982 미국)의 얼굴 마스크는 이 방법을 사용했다.

요령ⓒ
추가로 합성관계의 특수효과를 안다

● 슬로우 모션은 재생속도 조정으로
슬로우 모션은, 컷마다의 프로퍼티 등으로 재생속도를 느리게 함으로 만들 수 있다. 프레임 레이트 24프레임의 편집 프로젝트인 경우, 60P로 촬영한 소재라면 60/24인 2.5배의 슬로우 모션까지는 부드럽게 움직인다. 화면이 매끄럽지 못할 때는 부족한 프레임을 앞뒤 프레임의 차이로부터 생성하는 기능이나 플러그인을 사용한다.

● 빨리 돌리기도 재생속도 조정으로
재생속도, 역회전, 프레임 낮추기, 프리즈 등은 컷의 재생속도 조정으로 할 수 있다.

● 합성기법은 트랜지션에도 응용할 수 있다
합성기법은 O.L.(디졸브) 또는 와이프, 아이리스 인·아웃(화면의 일부부터 보인다·남긴다) 등의 트랜지션(장면 바꾸기)에도 응용할 수 있다.

● 합성 시의 프레임 레이트
합성하는 영상의 프레임 레이트가 다르면 위화감이 느껴진다. 예를 들면 초당 12프레임인 애니메이션 배경에 초당 24프레임의 실사 인물을 합성하는 경우 등이 그렇다. 재생속도 기능을 사용해 초당 프레임 수를 맞추자.

원모어 어드바이스
최신 기술로만 국한되지 않는 특수효과

최신의 합성 기술은 관객에게 익숙하다. 그래서 반대로 잊혀진 기술을 되살려 사용하면 오히려 신선한 맛을 낼 수 있다. 〈마이너리티 리포트〉(2002 미국)의 공중에 떠 있는 윈도우 시스템이나 〈스타워즈 EP4〉의 홀로그램 등 이들의 토대는 고전적이면서 기본적인 이중사진이다. 보란 듯이 거창한 기술이 아니라 평범한 기술로, 자연스럽게 다른 세계관으로 끌어들이는 데 성공했다고 할 수 있다.

타이틀 기능을 자유자재로, 텔롭과 자막

요령 Ⓐ
문자 정보의 표시 범위

영화 상영이나 방송 때 화면 가장자리가 잘려 보이지 않는 경우가 있다. 이 때문에 보이는 범위의 기준이 있는데, 이를 안전 영역(safety area)이라고 한다.

● 최근의 안전 영역
2023년, 16:9 방송 화면에서는 93% 이내가 기준이다. 문자나 도형은 95% 이내, 중요한 정보는 90% 이내로 되어 있다(일반사단법인 전파산업회 기술자료 ARIB TR-B4). 영화관 상영도 이 기준으로는 거의 문제가 없지만, 확실히 하려면 상영관에서 테스트를 실시하는 것이 좋다. 편집 소프트웨어에서는 이 기준이 모니터에 표시되도록 할 수 있다.

편집 소프트웨어에서는 타이틀, 텍스트, 텔롭* 등의 명칭으로 타이틀 만드는 기능을 제공한다. 제작 기능이 부족하다면 영상 편집 소프트웨어(포토샵, 페인트, 무료인 GIMP, 잉크스케이프 등)로 편집 해상도에 맞춘 투명한 영상을 만들면 된다.

* 텔롭(telop): TV 방송에서 카메라를 통하지 않고 영상 속에 삽입하는 글자나 그림.

▲ 타이틀러** 기능을 이용해 삽입한다
**타이틀러(titler): 영상에 타이틀이나 자막 등을 삽입하는 기기.

요령 Ⓑ
타이틀은 알아보기 쉽게 만든다

● 폰트는 가시성이 중요하다
문자 폰트는 명조, 고딕, 둥근고딕 등을 각 사에서 발표하고 있다. 볼드(B)는 굵은 글씨이다. 크기 조정도 중요하다. 화면 크기, 해상도에 비해 크기가 너무 작으면 읽지 못할 수도 있으므로 풀해상도로 확인해보자.

● 색상과 배경을 주의해서 조정한다
흰색 화면에 흰색 글자라면 보이지 않는다. 배경색이나 밝기에 맞춰 잘 보이는 글자색을 선택한다. 슈퍼임포즈(배경 영상에 문자를 겹치는 기법)라면 특히 주의가 필요하다. 문자가 배경에 파묻혀버린다면 다음과 같은 방법을 검토한다.

シナモンの最初の魔法

▲ 테두리(아웃라인): 문자 외곽선에 색을 넣는다. 배경에 어울리게 하거나 동색 계열 배경에서 두드러지게 할 수 있다.

シナモンの最初の魔法

▲ 드롭 섀도: 배경에 문자의 그림자를 드리운다. 입체적으로 보일뿐 아니라 배경과 분리하는 효과가 있다. 그림자는 색상 외에도 문자로부터의 거리나 흐릿한 비율 등을 정할 수 있다.

シナモンの最初の魔法

▲ 도형 배경: 문자 뒤로 사각형이나 원 등의 도형을 넣는다. 전체가 아닌 일부 문자에만 넣어도 효과가 있다.

POINT 영화의 문자 정보에는 텔롭, 자막, 슈퍼임포즈, 타이틀 등이 있다. 편집 소프트웨어에서는 타이틀이나 텍스트 기능 등으로 불리는 경우가 많다.

타이틀 표시 기법

타이틀 표시에는 다양한 기법이 있으며, 이들을 조합해 다양하게 표시할 수 있다.

• **애니메이션**: 타이틀러에서 설정하거나 영상 텍스트를 움직여 표시한다.

• **실제 경치 뒤로**: 촬영 소재에 마스크를 잘라 투명한 부분을 만들고 그 아래 트랙에 텍스트를 배치한다. 또한 더 아래에 원래 영상을 배치하면, 사물 뒤로 문자가 나오도록 할 수 있다(TAKE 37).

• **화면 추적**: 촬영 소재의 영상 움직임을 해석해서 이것에 텍스트가 따라오도록 한다.

• **3D 텍스트**: 3D CG 소프트웨어(무료로는 Blender 등이 있다)에서 실제 화면과 카메라 위치를 맞춰 입체 문자를 만든다.

" Sweets shop Glick!! "

▲ DVD, 언어별 자막 예 (오서링 소프트웨어*로 작성)
* 오서링 소프트웨어(authoring SW): 문자, 그래픽 등 멀티미디어 편집 작업용 소프트웨어.

자막이나 텔롭의 시간, 양, 삽입법

관객이 읽을 수 있도록 배려해야 하므로, 문자 정보는 표시되는 시간과 문자의 양이 꽤 엄격하다. 자막에서는 의역으로 짧게 만들고, 오리지널 텔롭에서는 요약해서 전달할 필요가 있다.

• **표시 시간**: 관객이 읽는 속도는 일본어라면 초당 4~6문자 정도 이하, 영문은 12문자 이하다. 이보다 빠르면 따라 읽을 수가 없다. 내용에 이미 익숙한 제작진은 읽을 수 없다는 사실을 깨닫지 못할 때가 많으므로 가급적 여유 있는 속도로 표시하자.

• **문자 수**: 한 화면에 표시되는 문자 수는, 일본어는 최대 13~20자, 2줄까지. 영어는 40~42자까지. 2줄이 되면 읽기가 상당히 어렵다.

● **자막 넣는 방법** (왼쪽: 참고 이미지)
자막은 편집 시 영화에 합성한 후 렌더링해서 '자막이 들어간 동영상 파일'로 만드는 방법도 있지만, DVD나 블루레이디스크, 데이터 전송 등에서는 영화 본편과는 별개로 언어별 자막 데이터를 제작해 관객이 선택하게 하는 방법도 있다. 영화관용 DCP(TAKE 47)로도 가능하지만 사용 폰트 등의 문제도 발생할 수 있으므로 확인이 필요하다.

원모어 어드바이스
자막 기술이 진화해온 역사

슈퍼임포즈 된 번역 자막은, 초기에는 손 글씨로 판을 만들어 펀치로 필름에 흠을 내서 만들었다. 나중에는 자막을 촬영해 프린트 때 이중으로 인화해 만들었다. 현재에도 이런 자막풍의 폰트가 있다. 당시에는 영화제 등에서 몇 번만 상영하는 경우라면 자막을 넣어 프린트를 인화하는 비용을 맞출 수가 없어, 자막만 있는 슬라이드를 스크린에 동시 투영하거나 대략적인 줄거리를 적은 종이를 배포하기도 했다.

메인 타이틀과 크레딧 타이틀

요령 A

메인 타이틀(제목)을 만든다

영화 제목을 표시할 타이밍은 배급이나 제작 단체 등의 로고, 표기가 들어가면서부터다. 그 후로는 첫머리에 오는 경우 외에도, 타이틀 전 에피소드(아반 타이틀*) 뒤 또는 드물지만 본편 마지막이나 엔딩 크레딧 후에 표시하는 경우도 있다.

● 영화 첫머리는 최고의 기회

영화 첫머리는 관객이 가장 집중해서 보는 시간이다. 맨 처음 영상과 소리가 보일 때 어떤 영화일지 다소 긴장되며 두근거린다. 최면술사에게는 영화의 마법으로 유도할 최고의 기회다. 매끄러우면서 훅(마음을 잡아끄는 것)이 있는 타이틀을 고민하자.

● 삽입 타이밍은 다양하다

메인 타이틀, 오프닝 크레딧, 엔딩 크레딧의 타이밍은 다양하며 본편 중에 겹치는 경우도 많다. 소리도, 맨 처음의 배급사 로고에서부터 영화의 효과음이나 음악을 사용하기도 하고, 영화 오프닝부터 시작하는 경우도 많다.

[예] [배급·제작 단체의 로고와 표기]→ [오프닝 크레딧]+ [아반 타이틀]→ [메인 타이틀]→ [본편]→ [엔딩 크레딧]

※ 영화윤리규정 등의 표기 배치는 각 단체의 지시에 따른다.

* 아반 타이틀(cold open): 메인 타이틀 전에 나오는 에피소드.

타이틀예 ①

타이틀예 ②

Information

◆ 오프닝 아이디어

옛날부터 흥미를 끄는 시작을 위해, 다중 노광이나 장시간 노광, 전쟁 당시의 탄도 계산용 아날로그 컴퓨터를 사용한 CG, 슬릿스캔(slit scan), 스노클(수중)카메라 등 각종 기술과 연출에 공을 들였다. <80일간의 세계 일주>(1956 미국) <북북서로 진로를 돌려라>(1959 미국) 등으로 유명한 타이틀 디자이너 솔 바스의 작업은 지금 봐도 훌륭하다. <텍사스 전기톱 연쇄살인 사건>(1974 미국)은, 어둠 속에서 이따금씩 비추는 플래시 빛으로 보고 싶지 않은 것이 순간 드러나는 시작과 타이틀이 인상적이다.

큐브릭 감독의 <2001 스페이스 오디세이>(1968 미국)에서는 첫머리에 회사 로고가 짧게 F.O.하고, 음악과 함께 나타난 어둠 속 빛이 우주에서 바라본 달, 지구, 태양의 다중 일출임을 알게 되면 회사, 제작자, 제목이 차례로 표시된다. 감독의 다른 작품인 <풀 메탈 자켓>(1987 미국)에서는 검은 바탕의 간소한 제목으로부터 가벼운 노래가 흐르며 이발소에서 주인공들이 머리를 미는 장면으로 시작한다. 둘 다 단순하지만 흥미롭다. <스타워즈 EP4>의 첫머리도 음악과 함께 제목이 안쪽으로 사라져가고 여기에 자막이 이어지며 우주를 달리는 우주선으로의 흐름도 뛰어나다.

제목과 크레딧 타이틀을 어떻게 넣을까? 영화에서 오프닝은 관객을 끌어들이고 엔딩은 여운을 남긴다. 다양한 아이디어로 관객을 끌어들이며 기억에 남을 인상을 만들어내자.

크레딧 타이틀을 만든다

크레딧 타이틀은 배역, 스태프, 각 단체 등 공헌자 명단을 표시한다. 또한 계약이나 라이센스에 근거한 법적 의무를 이행한다.

● 확인의 필요성
크레딧 타이틀은 틀리면 큰일이다. 사전에 텍스트나 영상 데이터로 정리한 후 모두로부터 SNS나 메일로 확인을 받는다.

● 분할 또는 롤
크레딧을 한 장씩 바꿔가면서 분할 표시하는 경우, 사이즈 수정 등이 발생하면 작업이 힘들어진다. 롤 크레딧은 한 장으로 이어진 이미지여서 품이 적게 든다. 주요 스태프와 배역은 한 장씩 내보내고, 나머지 전체를 롤로 표시하는 방법도 있다.

● 공간과 크기
분할의 경우는 한 장에 표시된 인원수가 중요도를 나타낸다. 주인공이나 중요 인물은 한 장에 한 명 등. 롤의 경우는 앞뒤 행간으로 나타낸다. 문자 크기도 중요도에 따라 달리 나타낼 수 있다.

● 만드는 방법의 예
편집 소프트웨어의 타이틀러를 이용하거나, 영상 편집 소프트웨어로 타임라인에 넣기 위한 세로로 긴 영상을 만들어 밑에서 위로 이동시키면 롤업이 가능하다. 문자가 스크린 밖으로 튀어나오지 않도록 화면에서 조금 안쪽인 안전 영역에 배치한다(TAKE 38).

마리노
핫토리 마리노

료
아이 카이토

스태프

각본
핫토리 마코
②

촬영
마쓰모토 다이키 ③

조감독
이타가키 히로코 ④

편집
고바시 아키히코 ⑤

음악
가타오카 레이코 ⑥

⋮ ⑦

감독
기누가사 류톤 ⑧

① 배역 : 맨 앞은 주인공, 마지막엔 중요 배우인 경우가 많다.
② 제작부 : 프로듀서, 각본 등.
③ 현장 기술부 : 촬영, 녹음, ○○ 조수 등.
④ 연출부 : 제작, 조감독 등.
⑤ 포스트 프로덕션 관련 : 편집 등.
⑥ 음악 담당 : 곡명 등.
⑦ 협력, 제작 단체 등.
⑧ 마지막은 감독.

원모어 어드바이스

크레딧에서 낯선 단어들

Gaffer: 조명, 전기 관련 수석. Best Boy: 제1 조수. Alan Smithee: 감독이 익명을 원할 때의 가명. 현재는 전미감독협회에서 금지해 개별적으로 가명을 쓴다. Director of Photography(DP/DoP) 촬영감독: 카메라를 직접 조작하지 않기도 한다. 도연(導演): 감독을 뜻하는 중국어. 연출: 꼭 감독이 아닐 수도 있다. 원안(原案): 폭이 넓다. 〈HOUSE 하우스〉(1977 일본)는 기획을 찾던 감독에게 '연습할 때 피아노가 달려들어 문다'고 말한 중학생이 원안자. 각본: 원작을 각본화한 사람. 이그제큐티브~: 단순히 명예직일 수도 있으며, 직책을 표현하기 곤란할 때 사용한다.

기누가사가 추천하는 편집에 참고가 되었던 영화와 책

기누가사 류톤

◆ **그리피스의 작품:** 여명기에 편집기술을 많이 만들어내 현대 영화의 문법을 확립한 인물. <인톨러런스>(1916 미국)가 유명하지만 다양한 작품이 있다. 단편 <불변의 바다>(1910 미국)에서는 극히 적은 앵글(카메라 위치)로 수십 년의 이야기를 십 몇 분 안에 담는 미니멀한 영화를 편집으로 만들어냈다.

◆ **<마지막 사람>**(1924 독일/무르나우) 무성영화 시대에 자막을 사용하지 않고 영상만으로 드라마를 보여주고, 대사 없이 이야기하는 방법을 완성했다.

◆ **<전함 포템킨>**(1925 소련/예이젠시테인) 몽타주 이론을 확립했다. 감독은 영화의 문법을 확립한 사람.

◆ **<카메라를 든 사나이>**(1929 소련/베르토프) 드라마가 아닌 영상만으로 보여주는 방법을 추구. 다양한 편집과 후처리 기술이 뛰어나다.

◆ **히치콕의 작품:** 『히치콕·트뤼포』(1966 트뤼포의 히치콕 인터뷰를 수록한 책)와 함께 보면 이해가 깊어진다. 주제에는 호불호가 있을 수 있지만 영상으로 이야기하는 것에 달인이다. 무성영화 시대에 데뷔해서 수법이 매우 영상적이다.

◆ **고다르의 작품:** 영상 자투리만 있으면 편집으로 세계를 만들어 내는 천재라고 생각한다. <물 이야기>(1958 프랑스)에서는 친구 트뤼포가 편집을 포기한 즉흥 연출 필름을 18분짜리 영화로 조립해냈다. <네 멋대로 해라>(1960 프랑스) 등도 오토바이를 탄 경찰관과의 장면 등 결과만으로, 생략이 훌륭하다.

◆ **<아메리카의 밤>**(1973 프랑스/트뤼포) 영화에 얽힌 많은 허상에 관한 이야기. 스턴트 편집 장면 등이 담겨 있다. 『히치콕·트뤼포』에서 화제가 된 기획을 실제로 만든 작품.

◆ **구로사와 아키라의 작품:** 영상으로 이야기하는 방법이 멋지다. <7인의 사무라이>(1954 일본) 예고편에서는 3대의 멀티카메라 편집을 본편과는 정반대로 사용해 다른 맛을 준다. 이후 서서히 발전해가는 멀티카메라 편집도 흥미롭다.

◆ **<죠스>**(1975 미국/스필버그) 촬영은 별로였지만 편집자가 기량을 발휘했다. 몇몇 장면을 편집 소프트웨어에 넣고 편집과 연출 의도를 헤아리며 분석하기를 추천한다. 공간이나 시간을 어떻게 무의식적으로 어필하는지, 좋은 공부가 된다.

◆ **<스타워즈 EP4>**(1977 미국/루카스) 당시 제약이 많았던 특수촬영 장면을 멋지게 편집해서 이야기 세계로 구성했다. 구로사와 아키라를 비롯한 그 밖의 여러 오래된 영화의 편집 기법들을 잘 되살렸다.

◆ **<펄프 픽션>**(1994 미국/타란티노) 각본 구성이 유명하지만, 이것을 영상으로 이야기하는 편집도 훌륭하다. 감독은 이 영화의 편집자(샐리 멘케)와 계속 함께 작업했다.

◆ **<영화 너무 좋아 폼포 씨>**(2021 일본/히라오 타카유키) 애니메이션 작품으로 영화 제작 현장의 이야기를 담았다. 후반의 기본 내용과 클라이맥스는 영화 편집에 관한 것이다. 편집이란 무엇인가를 묻는 작품.

◆ **편집에 참고할 만한 책 선택법:** 참고가 될 책을 찾는 간단한 방법이 있다. 그것은 글로만 설명하지 않고, 그림을 사용해 편집 기법을 설명하고 있는지 여부다.

일러스트 / 핫토리 마코

CHAPTER IV

소리 조정에서 납품까지

음량, 울림, 음질을 조정하며 소리를 마무리한다.
영화를 렌더링하고 완성 패키지를 제작하자.
마지막에는 예고편 만드는 방법도 설명한다.

TAKE

(40)

음성의 후시녹음과
타이밍 맞추는 법

요령 A
후시녹음을 한다

후시녹음(after recording)은 촬영 후에 주로 대사나 내레이션을 녹음하는 것이다. 동시녹음에서 대사가 명료하게 녹음되지 않았거나 내용이나 뉘앙스를 바꾸려는 등 목적을 명확히 정하고 임한다.

● 영상 재생 설비
없으면 노트북을 이용한다. 입의 움직임을 알 수 있는 전용 영상이 없으면 마스터 숏으로 대신하기도 한다.

● 리코더와 모니터 헤드폰, 마이크 등
촬영에서 사용하는 건마이크 등도 좋다.

● 흡음재
숨소리 노이즈를 방지하는 팝 가드. 마이크 뒤로 반향 방지용 리플렉션 필터를 두기도 한다. 목욕 수건으로 대신할 수도 있다. 반향의 추가는 간단하지만, 제거는 어렵다.

앉으면 발성이 바뀌므로 배우가 서서 녹음할 수 있는 세팅이 바람직하다.

● 스튜디오가 아니어도 녹음은 가능하다
후시녹음은 스튜디오뿐 아니라 집이나 편집실 등 조용한 장소에 장비를 갖추어 시행할 수 있다. 다만 반향이 심한 회의실이거나, 마당에서 개가 짖거나, 노래방이나 연습 스튜디오에서 새어나오는 소리 등도 있으므로, 사전에 환경을 꼭 확인하자.

● 후시녹음으로 연기하는 배우
녹음 스튜디오에서 유리로 막힌 녹음 부스에 들어가 컨트롤룸에서 보내는 감독의 지시에 대응하기란 매우 부담스럽다. 최대한 긴장을 풀자.

① 영상을 여러 번 재생해서 본다. 재생하며 촬영 시의 연기를 떠올리거나 영상 움직임에 맞춰 리듬을 만든다.

② 영상의 입 모양을 보고 립싱크(입 모양 맞추기)하기는 어렵다. 전체 연기의 리듬을 보며 맞추자.

③ 영상에 맞추려고 대사 도중 속도를 바꾸면 부자연스러워진다. 편집으로 대응할 수 있으니 계속 같은 페이스로 한다.

● 사운드 온리
로케 시, 로케 장소나 조용한 장소 등에서 소리만을 녹음하는 것을 사운드 온리라고 한다. 이때 녹음 대상은 음성만이다.

POINT 후시녹음은 동시녹음과는 역할이 다르다. 후시녹음은 음향 담당이 처리하는 경우도 많다. 녹음은 스튜디오가 아니어도 가능하지만 잘 어우러지도록 다듬는 후처리는 반드시 해야 한다.

후시녹음을 한 음성을 영상에 매치시킨다

● 편집으로 입 모양에 목소리를 맞춘다

[24프레임/초]인 경우, 4프레임 이내의 어긋남은 신경 쓰이지 않는다. 마음에 걸린다면 편집 소프트웨어로 조정하는 방법이 있다. A-E-I-O-U의 모음으로 결정되는 입 모양만 맞으면 자연스럽게 보인다.

[40프레임/1.6초]

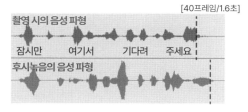

촬영 시의 음성 파형
잠시만   여기서   기다려   주세요
후시녹음의 음성 파형

STEP① 후시녹음을 빠르게 돌리며 재생해 짧아지게 한다.
STEP② 피치(음의 높이)를 바꾸지 않도록 한다.
STEP③ 입과 소리가 맞았다

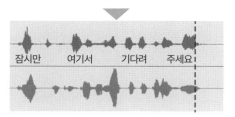

잠시만   여기서   기다려   주세요

● 타이밍이 다른 경우 [36프레임/1.5초]

행복   하   기를   바랍니다

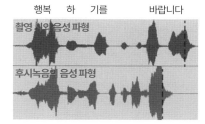

촬영 시의 음성 파형
후시녹음의 음성 파형

STEP① 하단의 음성을 「행복하/기를/바랍니다」로 나눈다.
STEP② 각각을 이동 또는 늘이거나 줄여서 동시녹음 소리에 파형을 맞춘다.
STEP③ 입과 소리가 맞았다

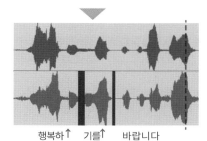

행복하↑   기를↑   바랍니다

원모어 어드바이스

후시녹음 음성은 후처리로 어우러지게 한다

후시녹음 음성은 후처리를 안 하면 부자연스러워지기 쉽다. 아래와 같은 효과를 사용해 음성이 해당 장면과 어우러지도록 한다(TAKE 44,45).
○ 이퀄라이저 : 소리 높낮이의 감쇠나 마이크 특성을 조정한다.
○ 리버브 : 울림을 더한다.
○ 컴프레서 : 음량의 폭을 조정한다.

음성을 마무리하는 MA(Multi Audio)

소리의 특징을 공부한다

포스트 프로덕션의 한 분야인 MA(Multi Audio)는 음성을 편집, 정리하는 공정이다. 더빙이나 믹스다운으로 불리기도 했다. 촬영 시 영상과 함께 녹음한 동시녹음 음원 외에 별도로 준비한 효과음이나 후시녹음, 내레이션 음성 등을 겹친다. 이것이 하나의 세계로 느껴지도록 소리의 특징을 알아두자.

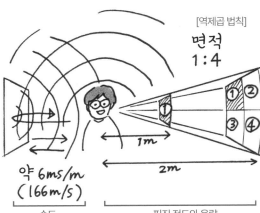

[역제곱 법칙]
면적
1 : 4

약 6ms/m
(166m/s)

속도   퍼진 정도와 음량

● 공기 중 소리의 퍼짐과 음량
• 거리에 따른 음량 : 소리는 음원에서부터 물결처럼 퍼진다. 도달하는 소리의 단위 면적당 세기는 거리의 제곱에 비례해 작아진다.

• 사람의 귀가 느끼는 음량 : 절대적인 크기가 아니라 로그 형태로 느낀다. 즉 작은 소리의 변화는 민감하게, 큰 소리의 변화는 둔하게 느낀다.

[예] 거리 1m에서 1일 때, 2m에서는 1/4(사람이 느끼는 음량은 1/2), 4m에서는 1/16(사람의 느낌은 1/4)이 된다(TAKE 42).

● 사람이 들을 수 있는 주파수 (TAKE 44)
대략 20~20,000(20K)Hz 정도. 사람의 목소리는 50~1,200Hz 정도. 개인차가 있지만 평균적으로 남성은 500Hz, 여성은 1,000Hz 정도가 중간이다.

● 고음과 저음의 감쇠 (TAKE 44)
거리가 멀어지면 저음부터 감쇠한다(저음 감쇠). 뭔가를 통과하면 고음이 차단된다(고음 감쇠). 텔레비전이나 PC, 오디오 기기 등으로 재생하면 주로 스피커의 품질에 따라 고음, 저음이 깎인다.

● 소리의 속도 (TAKE 44)
소리는 1m 나아가는데 약 3ms(밀리초) 걸린다. 반사 벽이 10m 떨어져 있으면 되돌아올 때까지 60ms 늦어진다. 1m에 6ms다. 사실 소리는 음원에서 직접 오는 소리와, 여러 장소에서 반사되어 뒤늦게 오는 소리가 섞여서 들린다.

● 잔향, 반향 (TAKE 44)
소리는 뭔가에 부딪히면 반사되어 원래 소리보다 조금 늦게 도착한다. 이것을 반향, 에코, 잔향, 리버브 등으로 부른다. 옥외에선 산, 건물 등에, 방이나 복도에선 벽, 천장, 바닥에 반사를 되풀이하며 길게 이어진다. 자잘한 틈이 있는 빈 물건이나 부드러운 물건, 천이나 푹신한 흙 등은 반사가 적다. 딱딱한 물건, 콘크리트나 바위, 돌 등은 반사가 많다. 반향은 나중에 더하기는 쉬워도 제거하기는 어려우므로 스튜디오에서는 최대한 반사가 없도록 녹음한다.

POINT MA(Multi Audio)는 대사나 효과음, 음악 등을 정리해서 음성을 마무리하는 공정이다. 편집할 때 맨 마지막에 행하는 경우가 많다. 위화감이 느껴지지 않도록 소리의 특징을 알아두자.

요령 B

MA의 작업 순서 (워크플로)

영화에서 소리는 ①대사 ②효과음(단일음과 장면의 배경음) ③음악(BGM이나 음악)이 있다. 또한 (A)동영상 파일에 동시녹음 (B)별도 파일에 동시녹음 (C)별도로 녹음한 음원, 이렇게도 분류한다.

STE P ① 음원을 개별적으로 정리한다

우선 각 음원을 개별적으로 정리한다. 대사는 선명하게 듣기 쉽도록 조절해 노이즈를 줄인다. 배경음 등의 효과음이나 음악도 적절한 타이밍과 레벨로 조정한다. 영화에서는 대사가 중요하다. 귀에 익지 않으면 음악 소리 때문에 대사가 잘 안 들리는 경향이 있다. 대사 이외의 소리는 대사의 1/4(-12dB) 정도부터 조정을 시작하자.

STEP ② 소리를 배치한다

동시녹음에서 별도 파일(더블 녹음)은 슬레이트 화면과 소리로 영상에 맞춘다. 최근의 편집 소프트웨어에서는 파형을 분석해 같은 위치로 맞추는 기능도 있다.

딱락!

음의 파형

STEP ③ 음량을 조정한다 (TAKE 44,45)

각 음의 타이밍이나 음량을 조정한다. 재생 볼륨을 일정하게 두고서 밸런스를 확인한다. 노멀라이즈 기능(컷의 최대 음량을 0dB 또는 –6dB 등으로 확대한다)이 있으면 이용하자. 대사 부분에서는 다른 소리를 낮추기도 한다.

STEP ④ 음질(주파수나 반향)을 조정한다

소리를 장면과 어우러지도록 만든다(TAKE 44,45). 후시녹음이나 효과음을 현실 공간에 맞게, 이퀄라이저로 주파수별 감쇠를 만들고 리버브 등으로 반향을 만든다.

[예1] 반사 거리를 고려해 지연 시간이나 특성을 조정한다. 방안이나 주차장 등의 반향을 만든다.

[예2] 후시녹음을 한 목소리는 거리 위화감이 생기기 쉽다. 100Hz 전후보다 낮게 내린다. 성별에 따라서도 범위나 양이 달라지므로 주의한다.

STEP ⑤ 전체 밸런스를 조정한다

필요하다면 컴프레서 등(TAKE 45)으로 음량 차이를 완만하게 한다(음량은 처리할 게 많다). BGM은 대사의 1/4(-12dB) 정도로도 꽤 크게 느껴진다. BGM 넣고 빼기를 대사나 동작에 맞추면 자연스러워진다. 효과음도 부자연스러울 정도로 너무 크지 않도록 한다.

원모어 어드바이스

소리만 들어보자

영상 편집을 연구할 때는 '일부러 소리를 끄고서 보기'를 권했다(TAKE 09). 이번에는 소리만 들어보자. 사람은 영상과 소리의 모순을 보완한다. 입 모양으로 '가(ga)'라고 말하는 영상에 '바(ba)'라고 말하는 목소리를 맞추면 '다(da)'라고 들린다(맥거크 효과*). 영화 편집에서도 이와 비슷한 기술을 사용해, 실제 존재하지 않는 영상이나 소리를 보고 들은 듯이 느껴지도록 한다. 영상과 소리를 분리해서 보면 이 구조가 이해된다.

* 맥거크 효과(McGurk effect): 동일한 발음이 말소리를 내는 사람의 입 모양에 따라 다르게 들리는 현상.

TAKE 42

음량을 측정하는 레벨과 라우드니스

요령Ⓐ

음량(레벨)의 단위는 dB(데시벨)

● 소리를 디지털로 취급하는 구조
소리는 공기 중 압력의 변화이다. 이것을 마이크로 포착해서 아날로그인 전기신호의 파장으로 추출한 후, 리코더나 ADC(아날로그 디지털 변환기)에서 PC로 다룰 수 있는 디지털 데이터로 변환한다.

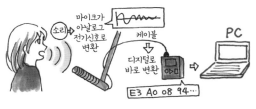

● 신호를 디지털 데이터로 만드는 구조
아날로그 신호를 일정하게 구분해 디지털 데이터로 변환한다. 얼마나 세밀하게 구분해서 데이터로 만드느냐에 따라 음질과 데이터양이 달라진다.

• **샘플링 주파수(샘플링 레이트), (Hz):** 1초 동안 어느 정도의 세밀함으로 기록하는가. 44,100Hz, 48,000Hz 등.

• **양자화 비트수(비트 심도), (bit):** 소리의 크기를 어느 정도의 세밀함으로 기록하는가. 2진수의 자릿수(bit)로 표시. 8bit: 0~256, 16bit: 0~65535, 24bit: 0~16777215 등.

• **비트 레이트(bps):** 1초 동안의 데이터양. 샘플링 주파수×양자화 비트수. 96kbps, 192kbps 등.

● 소리의 단위
소리의 크기는 신호의 크기(레벨)로 나타내고, 단위는 dB(데시벨)이다. 디지털로 표현할 수 있는 최댓값은 0dB. 이하는 마이너스값으로 나타낸다. 또 6dB마다 배가 된다. 즉 0dB의 절반은 –6dB, 그 밑으로 절반마다 –12dB, –18dB, –24dB···로 이어진다. 예를 들어 –8dB의 절반은 6dB를 빼면 되므로 –14dB이 된다.

※ dB의 개념은 사람의 음량 감각에 맞춰 원래 크기의 몇 배가 되느냐다.

• **[dB값]과 [몇 배]의 계산 방법**

dB값 = 2×10×log (X배)

(X배) = 10(dB값× $\frac{1}{2}$ × $\frac{1}{10}$)

▼레벨메타(음량표시) 예

● 0dB 이상은 표현 불가능
디지털에서는 0dB 이상의 크기는 표현할 수 없고 소리가 망가져버린다. 여유를 봐서 가장 큰 소리가 –18dB이나 –12dB, –6dB이 되도록 레벨을 조정하자.

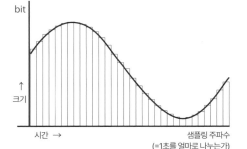

시간 →

bit

↑
크기

샘플링 주파수
(=1초를 얼마로 나누는가)

POINT 음량은 dB(데시벨)로 표시한다. 소리 크기의 측정에는 레벨(신호의 크기)과 라우드니스(시끄러움) 두 가지가 있다. 음량을 수치로 관리하자.

사람 감각에 가까운 라우드니스(loudess)

신호의 크기(레벨)를 나타내는 것은 주로 다음의 세 가지다.

• 피크 : 매 순간의 신호 크기

• RMS : 피크를 어느 정도 평균화한 소리의 크기. Root Mean Square (제곱한 평균값의 제곱근). 실제 들리는 시끄러움이나 음압에 어느 정도 가깝다.

• 라우드니스 : 주파수별로 잘 들리는 정도를 고려해 사람이 느끼는 음량감에 맞춰 수치화한, 음량을 나타내는 지표. 시끄러운 정도를 알 수 있다. 최근엔 소리의 크기를 라우드니스로 지정하는 경우가 많다.

● 라우드니스의 단위

라우드니스에서는 dB 대신 LU(라우드니스 단위)를 사용한다. 단위는 dB과 같다.

• M : 모멘터리 라우드니스. 400ms 내의 라우드니스.

• S : 숏타임 라우드니스. 3초 내의 라우드니스.

• I : 인티그레이티드 라우드니스. 전체 라우드니스.

• LRA : 라우드니스 레인지. 라우드니스의 범위. 낮은 것과 높은 것의 차이를 표시한다.

▼ 라우드니스 메타의 예

		0.0	0.0	0.0	0.0
Momentary	--- LU				
Short	--- LU				
Integrated	--- LU ●				
Loudness Range	--- LU				
True Peaks	●				
		M	S	I	LRA

▼ 라우드니스 로그(분석용 라우드니스 기록)의 예

라우드니스의 등장으로 시끄러움을 판별할 수 있게 되었다

피크나 RMS 등이 기준이던 옛날에는, TV프로에서 광고 CM으로 바뀌면 제작음(이른바 음압)이 높고 시끄럽게 느껴졌다. 지금은 라우드니스가 기준이 되면서 소리가 극단적으로 시끄러워지는 일은 거의 없다. 하지만 일부만 클 경우 다른 것은 조용하다는 인상을 주기도 하므로, 컴프레서 등으로 음량을 맞춰 인상을 바꿀 수도 있다. 라우드니스 외에도 편집 소프트웨어로 파형을 보면서 음량이 얼마나 풍성한지를 어림잡기도 한다.

TAKE
43

음량 조정으로 영화 전체의 소리 밸런스를 맞춘다

(참고 이미지: VEGAS Pro)

요령 **A**

믹서로 음량을 조정한다

편집 소프트웨어에는 대부분 음성 트랙을 믹스해서 정리하는 믹서(mixer) 기능이 있다. 믹서에는 각 트랙의 볼륨 조정(페이더*)과 레벨미터**가 표시되며, 그 밖의 각종 이펙터가 달려 있다. 이들 각 트랙의 출력을 정리해 마스터 페이더로 보내면 믹스 후의 전체 음량을 조정할 수 있고, 레벨 미터로 확인 가능하다.

▼ 믹서의 예

* 페이더(fader): 영화에서영상과 음향의 밝기와 크기를 조절할 수 있는 기기.
** 레벨미터(level meter): 음량 신호의 크기를 데시벨로 측정하는 기기.

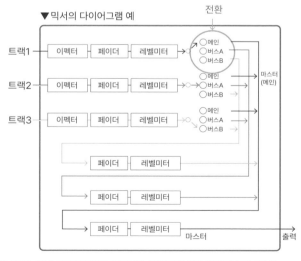
▼ 믹서의 다이어그램 예

● 버스 기능

버스란, 각 트랙(Tr)의 소리를 직접 출력(마스터)으로 보내지 않고 버스라고 하는 루트를 경유시키는 기능이다. 예를 들어 대사는 트랙(Tr) 1과 3, 배경음은 Tr 2와 4, 라디오음은 Tr 5와 6에 기록했다고 치자. 트랙별로 각각을 조정한 후 Tr 1과 3은 그대로 마스터로 보내고, 배경음인 Tr 2, 4는 버스A, 라디오음인 Tr 5, 6은 버스B로 보낸다. 이렇게 하면, 배경음을 모두 조정하고 싶을 때는 버스A를, 라디오음을 조정하고 싶을 때는 버스B를 조정하면 된다. 최종적으로는 마스터(메인)에서 전체 음량을 조절할 수 있다.

믹서 기능은 소프트웨어마다 다르므로, 도움말이나 웹 등의 기술자료에 다이어그램 등이 있으면 참고하자.

트랙 내에서 음량을 조정한다

대부분의 편집 소프트웨어는 컷마다 노멀라이즈 기능이 있어서 최대 피크를 몇 dB로 할지 맞출 수 있다. 소리 조정의 첫 단계.

● 음량에 변화를 준다
트랙에서 볼륨곡선 등을 표시해, 컨트롤포인트(○표시)를 조작하면서 음량 변화를 줄 수도 있다.

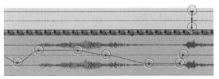

● 불필요한 음을 제거한다
볼륨곡선을 응용해, 컵을 놓는 순간의 소리가 너무 크면 낮추는 등 순간적으로 발생한 노이즈를 제거할 수 있다.

● 배경음을 추가한다
불필요한 음의 제거로 순간적으로 소리가 끊기거나, 컷이 바뀌며 배경음이 도드라지는 경우가 있다. 이런 경우에는 별도의 트랙에 전체 배경음을 두면 된다 (TAKE 25)

● 페이드 조정
페이드인(F.I.), 페이드아웃(F.O.)은 볼륨곡선으로 시행하거나, 컷의 끝부분에서 마우스 커서를 조작해 추가할 수 있는 소프트웨어가 많다. 이펙트를 드래그 앤 드롭으로 만드는 소프트웨어도 있다.

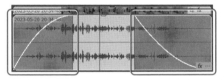

● 트랙을 활용한 O.L.
오버랩(O.L.)도 F.I와 F.O.를 별도의 트랙에 겹쳐서 만들 수 있다. 두 컷의 이음새에서 마우스의 오른쪽을 클릭하거나 이펙트를 드래그 앤 드롭하면 된다. 또는 단순히 컷의 끝을 겹쳐서도 할 수 있다.

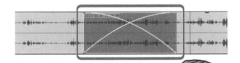

원모어 어드바이스
작업 중엔 모니터의 음량을 일정하게

마무리로 소리를 조정할 때는 전체적으로 일정한 음향으로 작업하자. 마무리 때 미묘하게 조정하다가 부주의로 바꿔버리면, 영화의 각 부분에서 예상치 못한 음량 밸런스 붕괴가 일어나버린다. 일시적으로 음량을 낮추고 싶을 때는 헤드폰이나 DIM스위치(TAKE 03) 등을 사용하자. 편집 소프트웨어에는 모니터나 믹서 근처에 DIM 스위치가 있는 경우가 많다.

음향 효과①
이퀄라이저, 피치, 리버브

소리의 필터링을 배우자

● 음색을 바꾸는 이퀄라이저

이퀄라이저는 소리를 주파수마다 강조 또는 감쇠시켜 음색을 바꾸는 이펙트이다. 초보자는 강조를 사용하는 경향이 있지만, 기본은 감쇠시켜 소리를 필터링하는 것임을 알아두자.

[그래픽 이퀄라이저 예1]

사람 목소리가 잘 들리도록 목소리 외의 주파수를 감쇠시켰다. (TAKE 41)

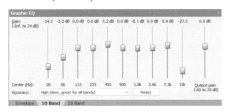

① **게인**: 센터(중심 주파수)를 얼마나 감쇠/강조할지를 지정. 이 소프트웨어에서는 단위를 dB로 표시하고 있다. -∞는 무한소(小)이다.

② **센터(Hz)**: 조정하는 주파수의 중심. 센터로부터 일정 폭만큼 변화한다.

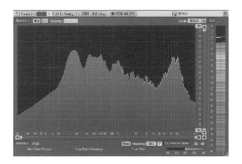

[그래픽 이퀄라이저 예2]

사람 목소리가 잘 들리도록 하기 위해 80Hz 이하의 저음은 감쇠, 500Hz를 중심으로한 그 주변은 조금 강조, 2,800Hz보다 높은 고음은 감쇠시켰다. 전원험*(관동 50Hz/관서 60Hz)의 2배 음인 120Hz는 차단한다.

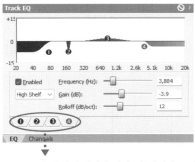

• ①~④의 네 가지 필터가 있다. 각 탭에서 조정하는데, 유효/무효를 선택할 수 있다.

• **필터**의 종류를 선택한다. 필터에는 로우쉘프(지정한 주파수 이하를 조작), 하이쉘프(지정한 주파수 이상을 조작), 밴드(주파수 주변을 조작)가 있다.

• **주파수(Hz)**: 조작하는 주파수를 지정한다.

• **게인(dB)**: 감쇠(커트)/강조(부스트)하는 양.

• **롤오프(dB/oct)**: (하이·로우쉘프의 경우) 얼마나 완만하게 바꿀지. 옥타브별 데시벨 변화량.

• **대역폭(oct)**: (밴드의 경우) 조작하는 범위. 옥타브 단위.

● 스펙트럼 분석기로 확인

스펙트럼 분석기는 주파수 각각의 신호 강도를 표시한다. 불필요한 소리나 노이즈, 사람 목소리 등의 주파수를 가늠할 수 있으므로 이퀄라이징하는 경우, 확인하면서 작업이 가능하다.

* 전원험(電源hum): 라디오 등에서 웅~하고 들리는 전파 잡음.
국내는 60Hz 부근에서 발생한다.

POINT 편집 소프트웨어에 탑재되어 있거나, 플러그인으로 불러내 소리를 가공해주는 이펙트에는 여러 가지가 있다. 영화의 세계를 이야기하기 위해 더욱 효과적인 음향을 만들어내자.

음높이를 바꾼다

음높이를 조정하는 것이 피치이다. 컷이나 촬영 영상의 프로퍼티 또는 이펙트에서 조절하는 경우가 많다. 대사나 SE 등의 음높이를 바꾸거나, 속도 변경 시 원래의 음높이가 바뀌지 않도록 할 수 있다.

● 피치를 조정한다

피치를 바꾸는 계산 방법, 품질, 속도 변경과 피치의 관계, 포먼트(목소리의 특징적인 주파수 성분)의 유지 여부 등을 지정할 수 있다.

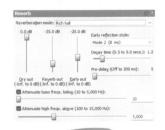

반향을 만든다 (왼쪽 아래 참고 이미지: VEGAS Pro)

소리의 반향을 만들어내는 것이 리버브(잔향)이다. 에코(반향), 딜레이(지연), 코러스(합창)라고도 한다. 원음에 약간 지연시킨 소리를 더한다는 원리는 같지만, 길이나 목적 등으로 구별된다.

● 동시녹음에 후시녹음을 맞춘다

집안 장면의 일부를 스튜디오에서 녹음하면 위화감이 남는다. 이퀄라이저로 음색을 맞추고 리버브로 잔향을 만들면 동시녹음 음성에 익숙해진다.

- **리버브 모드** : 잔향의 종류.

- **드라이아웃** : 원래 소리의 음량.

- **리버브아웃** : 잔향의 음량. 작으면 음원 가까이, 크면 멀게 느껴진다.

- **얼리아웃** : 초기반사(반사되어 오는 소리 중 첫 번째)의 음량.

- **초기반사 스타일** : 초기반사의 종류.

- **디케이 시간** : 반향이 작아지는 시간.

- **프리 딜레이** : 초기반사가 도달하는 시간. 이것으로 사람은 공간의 크기를 판단한다.

- **(*) 이하~** : 원음보다 먼 거리에서 도달하는 잔향의 고음·저음이 감쇠하는 것을 시뮬레이션하는 것.

원모어 어드바이스

VST플러그인 규격을 사용하자

스타인버그사의 VST(Virtual Studio Technology)는 음성 플러그인의 규격이다. 취급 가능한 편집 소프트웨어거나 음성용 소프트웨어라면, 나중에 다른 개발자가 배포하는 VST플러그인을 추가로 이용할 수 있다. 이퀄라이저, 리버브, 스펙트럼 분석기, 각종 노이즈 저감 플러그인 등이 다양하게 있으므로 마음에 드는 것을 사용할 수 있다. 맥 OS에는 비슷한 플러그인 규격의 AU(Audio Unit)가 있다.

음향 효과② 음량 조정과 노이즈 제거

음량을 조정한다 (참고 이미지: VEGAS Pro)

● 컴프레서(compressor)

큰 소리를 작게 해서 음량의 범위를 좁힌다. 최대 음량이 낮아진 만큼 전체 음량을 올리게 되어, 결과적으로는 작은 소리를 크게 할 수도 있다.

▼ 컴프레서의 예

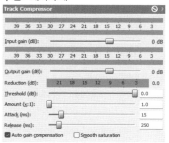

• **입력·출력 게인(gain)** : 입력 신호와 출력 신호의 크기. 미터로 조정.

• **트레스홀드(threshold)** : 임계값→ 이 음량을 초과하면 커지는 비율을 낮춘다(압축).

• **어택/릴리스(attack/release)** : 어택은 트레스홀드를 넘었을 때부터 압축할 때까지의 시간. 릴리스는 압축을 멈추기까지의 시간. 약간의 시간이 있으면 자연스럽게 들린다.

• **자동 게인 보정** : 압축한 만큼 전체 음량을 올린다.

• **스무드 세츄레이션(smooth saturation)** : 압축의 변화를 완만하게 해서 왜곡을 줄인다.

● 리미터(limiter)

컴프레서를 사용해 최대 음량을 제한한다. 최대 음량을 −6dB로 제한하고 싶은 경우 트레스홀드를 −6dB, 음량을 ∞(최대)로 하면 −6dB를 초과하는 음은 −6dB로 제한된다.

● 익스팬더(expander)

컴프레서와 반대로, 소리를 더욱 커지게 해서 음량을 확대하는 것이 익스팬더다. 작은 소리는 더 작아지게 한다.

▼ 그래픽 다이내믹스의 예

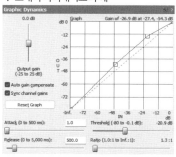

※ 그래픽 다이내믹스는 컴프레서와 익스팬더를 겸한다.

예에서는 −24dB 이상은 컴프레서, −48dB 이하는 익스팬더로 설정. 큰 소리는 변동 없이 작은 소리만 자연스럽게 더 작아지고, 노이즈 등을 제거한다.

• **그래프** : 인(in)의 신호가 아웃(out) 측 크기가 된다. −24dB은 −24dB로, 0dB은 약 −6dB로, -72dB은 -∞(무한히 작음)이 된다.

• **컴프레서** 부분은 −24dB보다 큰 소리는 작게 압축되어 최대 −6dB까지로 제한되지만, 자동 게인 보정이 ON으로 되어 있으므로 전체 음량을 6dB만큼 올린다.

• **익스팬더** 부분은 −48dB 이하를 −72dB에서 -∞가 되도록 낮춘다.

● 노이즈게이트(noise gate)

트레스홀드 이하를 -∞로 제거한다. 소리나 대사가 없는 부분을 무음으로 할 수도 있지만 노이즈가 중간에 끊기면 부자연스럽다.

소리의 크기를 가공하는 것이 컴프레서 또는 익스팬더 이펙트이다. 이들을 조합하면 동시녹음 때의 노이즈도 줄일 수 있다. 그래도 부족하다면 노이즈 저감 기능이 있는 소프트웨어를 사용한다.

요령 B

노이즈를 줄인다

동시녹음 등에서 노이즈를 줄이고 싶을 땐 재촬영이나 후시녹음으로 다시 녹음하는 것이 가장 좋지만, 이것이 불가능할 경우엔 스펙트럼 분석기와 이퀄라이저를 사용해 노이즈를 제거해서 대사가 잘 들리도록 하자.

STEP ① 노이즈 부분만 반복 재생한다.

STEP ② 스펙트럼 분석기로 주파수 성분을 표시하고, 이것을 보면서 그래픽 이퀄라이저 등을 사용해 솟아오른 주파수 부분을 내리며 최대한 평탄하게 만든다.

STEP ③ 대사가 있는 부분을 재생해서 노이즈가 억제되고 있는지 확인한다.

STEP ④ 잘 안 되면 ①부터 되풀이하고 그래도 부족하다면 다음의 ⑤~⑦을 시도한다.

STEP ⑤ 목소리 외의 주파수 성분을 줄인다. 사람 목소리의 주파수 성분은 80Hz부터 1~몇 kHz 정도(남녀가 다르다. TAKE 41,44). 이것의 위아래 소리를 낮춘다.

STEP ⑥ 배경음을 추가해서 노이즈가 거슬리는지 확인한다(TAKE 25).

STEP ⑦ 더 필요하다면 노이즈 제거 소프트웨어 등을 사용한다.

● 노이즈 제거 소프트웨어

노이즈 제거 기능이 있는 플러그인이나 음성 편집 소프트웨어도 있다. 다만 노이즈를 제거한 양이 많아질수록 음질은 나빠지고 사람 목소리는 부자연스러워진다. 배경음이나 이퀄라이징을 병용해 부자연스러움을 보완하는 것도 고려해보자.

• Audacity : 무료 음성 편집 소프트웨어. 노이즈만을 기억시켜, 필요한 부분에서 그 노이즈를 제거하는 기능이 있다.

• SoundSoap : 오래된 노이즈 제거 플러그인. Audacity와 마찬가지로 노이즈를 기억시켜서 제거한다. 제거할 양과 남기는 소리를 조정할 수 있다.

• SpectraLayers : 소리를 그래픽 스펙트럼으로 표시하고, 그 화면을 조작해 불필요한 소리를 제거한다. 조작하려면 익숙해야 한다.

• (프리미어 프로) 에센셜사운드/크로마노이즈 제거 : 양을 지정해서 자동으로 제거한다.

• (다빈치 리졸브) Noise Reduction : Fairlight 페이지의 믹서 이펙트. 노이즈를 추출해서 양을 미세하게 조절할 수 있다.

원모어 어드바이스

이야기를 위해 이펙트를 잘 사용하자

MA에서는 이펙트 지식이 중요해진다. 예를 들면 사람은 방의 크기, 동굴의 깊이, 대형 홀의 넓이 등을 소리의 잔향으로 느낀다. 조용한 지하 주차장에서 큰 목소리로 대화하는데 잔향이 없으면 부자연스럽게 느껴진다. 이때 리버브가 필요하다. 다만 거꾸로 본래 소리에서 잔향을 제거하기는 어렵다. 또한 효과음이나 음악의 주파수 성분이 음성 주파수와 겹치면 잘 들리지 않는다. 작은 소리는 저음과 고음이 잘 들리지 않는다. 이펙터를 사용해 이야기의 공간을 만들어낸다는 사고방식이 중요하다.

렌더링으로 동영상 파일 만들기

(참고 이미지: VEGAS Pro)

요령
렌더링으로 뽑아쓰기

대부분의 편집 소프트웨어는 렌더링(딜리버리, 렌더, 뽑아쓰기)할 때 인터넷 전송용 또는 디스크 작성용 등의 권장 설정 프리셋을 선택할 수 있다. 하지만 동영상 파일의 크기 등 몇몇 설정만 바꾸고 싶은 경우도 있다. 이러한 설정에 관해 설명한다.

● 비디오 설정

• **비디오(오디오)를 포함** : 동영상에 영상과 음성이 포함되어 있는지 여부. 영상만으로 또는 음성만으로 파일을 만들 수 있다. 디스크(BD, DVD) 편집 소프트웨어 등에는 영상과 음성을 별도의 파일로 지정할 수 있는 것도 있다.

• **프레임 사이즈** : 영상의 해상도. SD, HD, FHD, 4K 등.

• **프로필** : 영상의 품질.

• **프레임 레이트** : 초당 프레임수.

• **필드 순서** : 인터레이스 영상*에서 홀수, 짝수 필드(1컷을 2개로 나눈 것) 중 어느 쪽을 먼저 표시할지. 프로그레시브 영상에서는 의미가 없다.

• **픽셀 종횡비(Pixel Aspect Ratio)** : 1픽셀의 가로세로 비율. DVD의 SD해상도나 저해상도HD 등에 와이드스크린이나 시네마스코프 영상을 맞춰 담기 위해 사용한다.

• **참조 프레임 수** : 압축 시 참조할 프레임 수. ※ 코덱에 따라 파라미터가 다르다.

• **고정 비트 레이트(CBR)** : 고정**으로, 초당 몇 비트(bps)의 영상으로 할지. Kbps, Mbps 단위일 수도 있다.

---

* 인터레이스는 각 프레임을 홀수, 짝수 필드로 분리하여 절반만 한 번에 전송한다. 반면 프로그레시브는 나누지 않고 전체를 한 번에 전송한다.
**고정은 출력 데이터양이 일정, 가변은 출력 데이터양이 변동인 경우이다.

▼ 비디오 설정의 예

• **가변 비트 레이트(VBR)** : 가변으로, 초당 몇 비트(bps)의 영상으로 할지. 영상을 분석해서 그 부분을 고~저 비트 레이트로 조정한다. 최댓값, 평균값 등을 지정한다.

• **슬라이스 수** : H264 등의 코덱에서 한 컷을 몇 개로 분할하여 처리할지. 대부분은 디폴트 그대로가 좋다.

• **인코드 모드** : 그래픽보드 등의 GPU(그래픽스 프로세싱 유닛)를 사용할 수 있다면 인코딩(압축)할지 여부. GPU로 렌더링하면 속도가 향상된다. 단, GPU 하드웨어와 코덱이 잘 맞는지 등도 확인이 필요하다.

POINT 렌더링은 편집의 맨 끝에서 재생용 동영상 파일을 만드는 공정이다. 이 책에서는 일반적인 렌더링 소프트웨어에서 사용하는 파라미터를 설명한다. 지정 방법은 편집 소프트웨어마다 다르다.

▼ 오디오 설정의 예

Custom Settings - MAGIX AVC/AAC MP4   ?   ✕

Template:	Internet UHD 2160p 59.94 fps	💾 ✕
Notes:	Use this setting to create an MP4 (AVC/AAC) file for progressive internet downloads	
Format:	Audio: 192 Kbps, 48,000 Hz, 16 Bit, Stereo, AAC Video: 59.940 fps, 3840x2160 Progressive, YUV, 80 Mbps Pixel Aspect Ratio: 1.000	

☑ Include audio

| Sample rate (Hz): | 48,000 |
| Bit rate (bps): | 192,000 |

▼ 시스템 설정의 예

Format:	Audio: 192 Kbps, 48,000 Hz, 16 Bit, Stereo, AAC Video: 59.940 fps, 3840x2160 Progressive, YUV, 80 Mbps Pixel Aspect Ratio: 1.000

| Format: | MP4 file format (.mp4) |
| Target Display: | Use master display settings |

HDR content level metadata (Optional)

| MaxCLL: | 65535 |
| MaxFALL: | 65535 |

▼ 프로젝트 설정의 예

Format:	Audio: 192 Kbps, 48,000 Hz, 16 Bit, Stereo, AAC Video: 59.940 fps, 3840x2160 Progressive, YUV, 80 Mbps Pixel Aspect Ratio: 1.000

Video rendering quality:	Use Project Settings
Stereoscopic 3D mode:	Use Project Settings
☐ Swap Left/Right	
Crosstalk cancellation:	0.000
Color space:	Default
Color range (YCbCr output):	Limited (default)

● **오디오 설정** (TAKE 42)

• **샘플 레이트** : 음성의 샘플링 주파수. 대푯값을 선택할 수 있는 것도 많다. ※ 동영상의 경우 48kHz가 많다.

• **비트 레이트** : 음성의 비트 레이트. 대푯값을 선택할 수 있는 것도 많다. 영상의 비트 레이트와 합쳐 동영상 전체의 비트 레이트가 된다. ※ 높으면 고음질, 고화질이 되지만 재생기기가 대응하지 못하는 경우도 있다. ※ 동영상 형식에 따라 음성의 코덱(AAC, WAV, MP3 등)을 지정할 수 있다.

● **시스템 설정**

• **Format** : 파일 형식, 즉 컨테이너를 지정한다. .mp4 .avi .mov .mt2 등.

● **프로젝트 설정**

렌더링 화질이나 3D 동영상의 방식, 색공간(색역)의 선택이나 제한 등을 지정한다.

● **그외 설정**

• 렌더링할 때 라우드니스의 목표치를 지정해 보정할 수 있는 것도 있다.

• 전송사이트(Youtube, Vimeo 등)로 업로드 또는 디스크(BD, DVD 등)에 입력하기 등을 지정할 수 있는 것도 있다.

원모어 어드바이스

렌더링의 시행착오(try & error)

렌더링을 하다보면 문제가 생기기 마련이다. 완성 동영상을 반드시 확인해야 한다. 또한 익숙하지 않은 환경에서 재생할 경우엔 재생 가능 여부를 테스트하자. 예를 들어 극장이라면 그곳 시스템으로 테스트 상영을 해봐야 하고, 배포용 DVD나 BD를 제작하는 경우라면 PC 드라이브가 아닌 가정용 플레이어에서 재생 가능한지를 확인한다. 화질이나 음질을 높이고 싶다면, 짤막한 부분을 다양한 설정으로 렌더링해서 비교해보고, 최종적인 설정을 결정하는 것도 좋다.

TAKE 47

납품 형식을 최종 확인
완성 패키지(완제품)

완성 동영상 파일을 확인한다

납품처에 인도하는 것을 완성패키지라고 한다. 동영상 파일 등의 촬영 영상은 물론, 향후 수정, 개정을 위한 데이터도 넘겨야 한다. 전송할 때는 사이트의 동영상 포맷 형식이나 음량, 용량에 맞춘다.

● 납품처와 어긋나지 않도록

완성패키지는 내용이나 동영상 형식이 납품처와 어긋나지 않도록 해야 한다. OS에서의 파일 프로퍼티나 전용 소프트웨어, 동영상 편집 소프트웨어 등을 통해 확인해두자. 무료 소프트웨어에서는 MediaInfo 또는 VLC mediaplayer 등에서 확인할 수 있다.

● 음성 확인 (TAKE 42, 46)

• 레벨과 라우드니스

최대 레벨이 크면 극장 기기를 손상할 수 있으므로 주의하자. 라우드니스도 지시한 대로인지 체크하자.

• 음성 코덱

MP3, AAC, AC-3, PCM 등의 코덱. 재생기기에 맞지 않으면 재생이 안 된다.

● 영상 확인 (TAKE 06, 31, 46)

• 해상도

SD, HD, FHD, 4K, 8K 등이 있다. 극장에서의 대화면 상영이라면 FHD(1920×1080) 이상은 필요하다. 가정용인 SD(640×360), DVD의 SD(720×480) 등이 지금도 사용되고 있다. 블루레이에서는 HD나 FHD이면 된다.

• 화면 비율(aspect ratio)

예전의 4:3이나 16:9, 시네마스코프(대표적인 것은 2.35:1) 등이 있다. 해상도와 픽셀의 비율로, 가로세로 사이즈의 비율로 정해진다. DVD에서는 SD(4:3)(720×480/픽셀비 0.9091), 와이드(16:9)(픽셀비 1.2121)가 사용된다. 가로 폭이 넓은 화면을 16:9나 4:3 화면에 압축해서 담는 것을 스퀴즈, 화면 상하에 검은띠를 넣어 가로 폭이 넓은 화면으로 만드는 것을 레터박스(LB)라고 한다.

• 프레임 레이트(컷 수)와 프로그레시브(p)/인터레이스(i)

60i, 24p, 30p 등이 있고, 가정용이면 23.976fps도 있다. 영화관 프로젝터는 24fps로 한다. 재생기기에 따라서는 지금도 인터레이스 영상이 요구되기도 한다.

• 색공간, 색영역, 브로드캐스트컬러

사용할 재생기기에서 재현이 가능한지를 확인한다. 구형 재생기기에서는 브로드캐스트컬러를 제한해야 할 경우도 있다.

• 영상 코덱

H.264, H.265, ProRes, YUV 등의 압축을 실행하는 영상 코덱. 재생하는 기기와 맞지 않으면 재생할 수가 없다.

▼ 동영상 사이트의 전송 예

가타오카 레이코 감독의 <꽃의 계절>(2023 일본) 예고편

마침내 영화를 마무리하고 납품이다. 완성패키지를 인도하게 되는데, 상영 또는 전송이 가능하거나 앞으로 필요할 것을 인도한다.

요령 **B**

상영용 미디어를 만들자

상영용 영상은 테스트 상영을 해보자. 그리고 다른 종류의 백업도 준비하자.

● DCP(디지털 시네마 패키지)

영화관 상영용 미디어. 물리적으로는 USB 메모리나 USB 접속의 HDD, SSD 등을 사용한다. 중간에 DCP 포맷을 만든다. 극장의 디지털시네마 서버에 데이터를 이동시켜 상영한다.

• **사양** : 영상은 매 컷마다 JPEG2000형식의 정지화면으로 보존된다. 해상도는 FHD, 2K, 4K, 8K 등. 프레임 레이트는 24fps(23.976fps가 아님). 음성은 PCM의 24bit에서 48Khz 또는 96Khz. 자막 데이터도 가능하지만 폰트 등의 문제에 주의가 필요하다. 용량은 2시간에 250GB 이하 정도이다.

• **작성 방법** : 어도비 프리미어 프로나 다빈치 리졸브 스튜디오 등에는 DCP 작성 기능이 있다. 무료 소프트웨어인 Open DCP나 DCP-o-matic 등에도 있다. 업자에게 작성을 의뢰할 수도 있다.

● 블루레이 · DVD

블루레이 화질이라면 극장 상영도 가능하다.

• **오서링(authoring)** : 디스크에 동영상 파일을 저장하기만 해서는 디스크 플레이어에서 재생이 안 된다. 파일 형식이나 폴더 구조를 갖추어 비디오디스크를 만드는 오서링 작업이 필요하다. 일부 편집 소프트웨어에는 디스크 제작 기능이 있다. 시판되는 오서링 소프트웨어로 작성할 수도 있다.

• **비트 레이트** : 녹화 시간과 화질이 결정된다. 매년 규격이 확장되어 높은 비트 레이트가 가능해지고 있다.

• **블루레이(BDMV포맷)** : 단면 1층에는 25GB, 최대 비트 레이트는 54Mbps(영상만은 40Mbps), 해상도 1920×1080, 1440×1080, 720×480/24p, 23.976p, 59.94i, 영상 MPEG-2, H.264/MPEG-4, 음성 PCM, AC-3, DTS 등.

• **DVD(DVD-Video 포맷)** : 단면 1층에는 4.7GB, 최대 비트 레이트는 10.08Mbps(영상만은 9.8Mbps), 해상도 720×480/29.97p, 23.976p, 24p, 60i 등, 영상 MPEG-2, 음성 PCM, AC-3, DTS 등.

• **대량으로 만들 경우엔** 원판 디스크를 만들어 제작업자에게 발주한다. 필요하다면 케이스나 재킷, 패키지 내용물, 상품코드 등도 준비한다.

원모어 어드바이스

완성 동영상 이외의 데이터는 어떻게 하는가?

일단 완성하더라도, 나중에 각국의 법적 사유 외에도 세부적인 컷 교체나 앞뒤 타이틀 추가, 요약판 작성 등의 작업이 발생하는 경우가 있다. 또한 다른 언어로 더빙하거나 문자 정보 변경, 자막 추가도 있을 수 있다. 되도록 편집 데이터를 모두 인도하자. 그리고 타이틀은 트랙이 정리되어 있으면 바꾸기 쉽다. 음성도 트랙이 정리되어 대사 없이 효과음, 음악만 바로 작성할 수 있으면 좋다.

TAKE 48

관객을 불러 모으는 매력적인 예고편을 만들자

요령 A

스포일러를 피해 예고편을 구성한다

영화 홍보는 스포일러(영화의 본질적인 주제가 감상 전에 드러나는 것)를 피하면서 매력을 전달해, 보고 싶게 만들어야 한다.

● 영화의 구성

영화 전체의 구성을 복습해보자(TAKE 08).

① 영화 전반: 포스터 부분
관객은 이 부분을 접하면서 이어지는 모험이 보고 싶어진다 (표면상의 이야기).

② 영화 후반: 진짜 주제 부분
관객에게 영화의 진짜 메시지가 전달된다.

제1막 START 변화 전의 일상(테제)

제2막 전반 1TP 좋고 즐거운 변화 (안티테제의 양지)

제2막 후반 MP 나쁜 부분, 문제점 (안티테제의 그늘)

제3막 2TP 새로운 인식, 세계, 결과(진테제)

END

● 포스터 부분의 활용

영화의 구성 중 ②가 영화에서 진짜로 전하고 싶은 주제나 메시지 부분이다. ①은 ②를 보고 싶게 만들기 위한 부분이므로 예고편에서 사용해도 문제를 일으키지 않는다. 이것을 포스터 부분이라고 한다. 1TP인 일상에서의 도전 시작과 MP인 허상의 승리 부분이 포함된다. 이 변화는 극적이어서 예고편을 볼 만한 것으로 만들어준다.

● 포스터 부분 이외의 활용

클라이맥스 부근은 임팩트 있는 영상이 많아 사용하고 싶어진다. 본질적인 주제를 보여주지 않는다면 이용 가능하다. 이야기 [Xa→Xb]에서 [Xa] [Xb]의 변화가 주제를 말해 주므로, TAKE 14의 생략 방법을 역으로 이용해 [Xb]의 결과를 숨긴다. 제2막 후반이나 클라이맥스 등에서 몇 컷을, 전개를 알 수 없을 정도로만 사용하는 경우는 많다.

● 관객의 추리력에도 주의

관객은 [Xa]나 중간 경과인 [→] 부분만으로 [Xb]를 추리할 수 있다. 사용할 부분을 신중하게 도려내자. 예고편의 마지막인 MP에서, 허상의 승리 이후의 전개를 감지케 해 수수께끼를 거는 방법이 있지만 예감만 들게 하고, 관객이 결말을 추측할 수 없도록 신중히 처리한다.

Information

◆ 인상적인 핵심 이미지를 활용한 예고편

<야생의 증명>(1978 일본): 첫 장면에서 핵심 인물인 소녀가 어둠 속에서 이쪽을 바라보는 얼굴만을 사용하며, 주인공을 향한 그녀의 "아빠, 무서워, 오고 있어, 아빠를 죽이러 오고 있어"라는 내레이션을 얹어 이것만으로 강한 인상을 남겼다. 주인공의 얼굴은 뜸 들이며 등장시켰다(다만 예고편에서 라스트신을 너무 많이 사용해 본편을 봤을 때 뭔가 아쉬운 기분이 들었다).

<7인의 사무라이>(1954 일본): 원과 삼각형이 그려진 깃발의 의미를 7명의 웃음 장면으로 나타내고, 긴장이 높아지는 부분을 지나 마지막을 폭풍우에 펄럭이는 깃발로 마무리한다. 결말과 보고 싶게 만드는 불안을 양립시켰다.

<살다>(1952 일본): 본편에 없는, 빈 그네가 흔들리는 영상을 핵심 이미지로 사용하고 있다.

<미지와의 조우>(1977 미국): 본편에 없는, 밤의 황야 언덕으로 뻗은 외길 멀리서, 빛을 발하는 뭔가가 있고, 그곳이 점점 가까워지는 이미지를 사용했다.

매력적이면서 관객이 본편을 보고 싶어지게 만드는 예고편은, 맛깔스러운 부분을 보여주면서 스포일러가 되지 않는 구성으로 만든다. 이 모순된 요구에 부응하기 위한 비결이 있다.

매력적인 예고편을 위한 테크닉

● 길이와 버전
영화관에서 예고편의 길이는 2분 내외가 많다. 길면 3분이나 5분 정도. TV 소개용은 60초나 30초, 15초 등. 예고편 편집은 버전이 많아지기 쉬우므로 버전과 가지내기 관리(TAKE 28)를 활용하면 편리하다.

● 최초 컷, 최초 소리
첫 영상과 소리가 중요하다. 관객은 보고 들을 준비가 되어 있어 어떤 소재라도 효과가 좋다. 처음으로 무엇이 들리는가? 무엇이 보이는가?

● 주요 등장인물의 근접 영상을 사용
최초로 클로즈업된 얼굴이 주인공이라는 이론은, 본편과 마찬가지로 예고편에도 적용할 수 있다. 최초 사용 외에도, 뜸을 들이다가 결정적인 '배우의 인상적인 표정이나 제스처'를 사용해 마지막을 주인공의 불안이 느껴지는 클로즈업으로 끝내는 방법도 있다.

● 불안을 이용한다
예고편에서도 불안은 이야기를 이끈다. 행복에서 불안으로 바뀌는 장면을 보여줌으로써 본편에 대한 흥미를 유발한다.

● 검은 화면을 사용해 상상을 자아낸다
관객은 상상하면서 강한 흥미를 갖는다. 처음 보는 관객에게는 수수께끼 세계관의 짧은 컷을 컷인*으로 사용하고, 관객이 좀더 보고 싶어 할 부분에서 페이드아웃하며 검은 화면으로 뜸을 들인다. 이것을 반복한다.

● 문자 정보를 사용한다
영상을 보여주지 않고 어두운 영화관에서 검은 바탕에 문자만 띄우는 기법도 종종 사용된다. 말의 선택뿐 아니라 문자를 내보내는 타이밍이나 문자 색, 이펙트에도 기술이 있다. 언어를 사용해 연출하는 방법이다.

● 한 장면을 통째로 베이스로 한다
어떤 장면을 베이스로 해서, 여기에 수수께끼를 걸듯 짧은 컷을 흘끗 보여주거나 인물의 근접 영상 등을 흩뿌리는 구성을 하면, 응집력 있는 예고편을 만들 수 있다.

● 핵심이 되는 이미지로 구성한다
응집력 있는 예고편을 만들기 위해 핵심 이미지를 사용한다. 여기에는 본편 영상을 사용하는 방법과 예고편용 영상을 따로 만드는 2가지 방법이 있다. (information)

* 컷인(cut-in): 영화 등에서 앞서 나왔던 장면의 특정 부분을 확대하여 보여 주는 기법.

원모어 어드바이스

본편 못지않게 걸작인 예고편들
〈에일리언2〉(1986 미국)의 예고편은 문자도 대사도 사용하지 않고 음악과 본편 영상의 짧은 컷→ 맨 처음 흥미를 끄는 한 방으로부터 몰아붙이는 불안과 흥분, 마지막에 "어떻게 된 거야?" 라고 말하게 되는 흥미의 지속까지 모두 이미지 조각의 콜라주로 만들어냈다. 〈시계태엽 오렌지〉(1971 미국)에서는 본편의 중요 장면을 몇 컷씩 분해해, 포스터의 그림과 글자 타이틀을 섞어서 재구성한 실험영화적 기법으로 작품의 이미지를 생생하게 전달했다.

후 기

이 책을 선택해주셔서 감사합니다. 드디어 시리즈 세 번째 책이 완성되었습니다. 전작인 <영화 제작의 교과서><영화 각본의 교과서> 2권이 많은 호응을 받아, '편집'도 이런 방향으로 해보자는 권유가 있었습니다. 하지만 편집 분야는 강적이어서 또다시 "왠지 주제넘은 듯한…" 이런 고민이 있었지만, 이번에는 고교생 시절 처음으로 영화를 만들기 시작하던 저 자신이 나타났습니다. 그 시절, 보고 흉내 내면서 터득해 8㎜ 필름과 씨름하던 그 녀석에게 알려주면 좋을 것이 여럿 있구나. 좋았어, 다시 용기를 내는 거야! – 이것이 이 책에 매달리기 시작한 첫 번째 터닝 포인트였습니다.

영화 만드는 방법에 정답은 없습니다. 특히 편집은 그 현장을 아는 사람이 적은 탓인지, 일정한 방식이나 형태를 잡기 어려운 분야입니다. 처음 편집을 하는 사람은 옛날의 나와 마찬가지로, 평범한 1분의 장면을 60컷으로 나누려 하거나, 주고받기 구성이나 긴장 조성 수법을 고려하지 않아 지루하게 만들어 버리거나, 사소한 것조차 모르는 바람에 멀리 돌아가기 쉽습니다. 이런 것들에 힌트가 되기 위해, 지혜와 경험을 쌓아 한층 발전된 세계로 가기 위해 이 책을 만들었습니다.

수파리(守破離)* 란 말이 있습니다. 수(守)하고(배워보고)→ 파(破)해서(새로이 연구해서)→ 이(離)한다(배움으로부터 자유로워진다). 만약 의문이 든다면 좋습니다! 당신의 생각을 시도해서 당신의 영화를 만들어 보세요! 세상은 이것을 기다리고 있습니다.

이야기란 사람이 세상을 이해하는 방법입니다. 이 시리즈는 이야기하는 방법이 주제입니다. 사실 아직 언급하지 않은 분야도 있습니다만 그것은 다음 기회를 기약합니다.

"후회 없는 인생 따위가 있을까. 그렇기 때문에 이를 위해서라면 무엇이든 할 수 있다는 생각을"(작가 미상) "그 길에 들어서려는 마음이야말로 내 자신의 스승이로다**"(센노리큐)

바로 옆에 스마트폰이 있나요? 그렇다면 편집앱을 깔고 당신의 일상을 편집해 보세요. 좋아하는 영화의 소리를 끄고서 보세요. 그곳에 새로운 세계가 있습니다.

기누가사 류톤

*일본의 다도, 무술 등의 예도에서 사제간의 수업 과정을 나타낸 사상.
**배우려는 마음이 있으면 그 사람 마음에 이미 훌륭한 스승이 있다는 뜻. 저자인 센노리큐는 일본 다도를 정립하고 완성한 인물.

촬영 현장의 단체 사진과 시사회 상영 풍경 <아하라 마도카의 조용한 분노>(2022) 감독/기누가사 류톤